中国人文小史

叶鋆生 著

青海人民出版社

图书在版编目（CIP）数据

中国人文小史 / 叶鋆生著 . -- 西宁 : 青海人民出版社 , 2018.12
ISBN 978-7-225-05728-6

Ⅰ . ①中… Ⅱ . ①叶… Ⅲ . ①文化史–中国 Ⅳ . ① K203

中国版本图书馆 CIP 数据核字 (2019) 第 005053 号

中国人文小史

叶鋆生　著

出 版 人　樊原成
出版发行　青海人民出版社有限责任公司
西宁市五四西路 71 号　邮政编码：810023　电话：（0971）6143426（总编室）
发行热线　（0971）6143516/6137730
网　　址　http://www.qhrmcbs.com
印　　刷　陕西龙山海天艺术印务有限公司
经　　销　新华书店
开　　本　787mm × 1092mm　1/32
印　　张　6.25
字　　数　150 千
版　　次　2019 年 6 月第 1 版　2019 年 6 月第 1 次印刷
书　　号　ISBN 978-7-225-05728-6
定　　价　29.00 元

自序

我在十年前开始研究本国史时，遂已感着极浓厚的趣味，好似三生石上，早和它结了莫解缘一般，每于三餐睡觉外，几全埋头在读史里面。可是“中国历史可读耶？二十四史、两通鉴、九通、五纪事本末，乃至其他别史、杂史等，都计不下数万卷，幼童习焉，白首而不能殚，在昔犹苦之，况于百学待治之今日，学子精力能有几者？”（梁启超《中国历史研究法》序言）。似此浩如烟海的史籍，势不能不希望有人竭其心力以善读之，然后出其所读者编成简明综要的新史，以供他人的阅读。尤其能将五千年头绪纷繁而和全民族精神有密切关系的文化史实，为系统叙述的著作，可谓为我学界今日最迫切的要求。顾翻破各书局所新出版的本国文化史，不觉令人长叹一声，几乎没有一部不是姑备门类、杂乱无序，难予读者以一整个的认识和概念。所以不揣卑陋，看了许多古史，寻了许多史料，蓄意要写一部浅近而明了的文化史。然而此至难的事业，必学识贯通今古，有如炬的史眼，庶几方可期以大成，浅学菲才的我，虽具着“舍大道而莫由”的宏愿，总觉力有所不逮的呢！加之天性懒惰，历数年所辑材料，仅乃得其一部分，迁延不敢轻率下笔。孰知“一·二八”沪战爆发，校课随炮火而停开了，终日坐守斗室，烦闷不过，乃重整往日所积丛残之稿，不觉盈尺，偶为学友所见，力劝取以问世，同时自问我今所研究的结果，虽未必有价值；倘定以完璧相期，则今后更需若干年，自己亦难逆料。语云：“天下事过于矜慎者，往往相持而不下，历久而无成。”因此决意先发表其已写成的一方面，定名曰“中国人文小史”。盖本书仅叙及精神方面的文化，而未说到物质方面的文化，为求名符其实，故不敢有文化史之称。至更要加一形容词的“小”字，则由我今所述的史实，尚不能包举本国一切人文现象，含有俟他日补充完整的微意。

我关于编著本书的动机和经过，大略已说完，最后所不得不申明的，就是本书的材料，除直接采自本国古史外，多由日本今关寿麿所著《支那人文讲话》及中山久四郎所著《支那人文思想》等书译来，著者虽有疏通编辑之功，终未敢掩袭他山之美。又本书脱稿之后，承大夏文学院长卢锡荣先生校阅一过，多所指示，特并志数言，以表感佩。

民国二十一年双十节前五日

著者序于上海大夏大学

目录

壹

贰

叁

肆

伍

陆

目录

柒

捌

玖

壹

文字

凡欲研究一国的事情，必先诵读其书籍，而欲诵读其书籍，尤非先知其文字不可。若对文字尚不明了，则无论任何方法，势必无从着手。所以在研究本国人文史的开始，须从文字方面来考察，便是这个道理。而求知本国的文字，第一应知其形音与义，换句话说，就是须合知其意义的各方面。但是这种研究工作非常不易，可说是最难的事。从事这种学问的人,常如张之洞所谓“终身钻研，汩没无闻，亦是一病”。要之，欲知本国文字，当从具备其大体的知识为适宜。至于详细的研究，只好让给专门学者。

我国文字在今千八百年前，后汉末叶的时候，有名学者许慎出来，他著《说文解字》十五卷，可算是我国文字学的大宗。我们读其书的序文，便可了解文字的大体。现就文字的起源与沿革及其六书构造法，分节简说如下。

第一节　文字的起源及其沿革

我国重要的事物，多脱始于伏羲氏，文字也照样地脱始于伏羲氏。传说伏羲氏作《易》的八卦，为原始文字的创元。后来神农氏施行结绳之政，用种种的绳线，结成不同的形式，以为各种事情的符号。现在冲绳的地方，尚有这种类似事情的遗迹，诚具考究兴趣的问题。嗣后社会逐渐进化，对于世间结绳记事，觉得很不合宜，于是黄帝之臣仓颉，乃参酌鸟兽的足迹，创作文字。所谓“文”是模样，但其模样独成一体；又“字”是孳乳而渐多之谓，以补文之不足，益增其形与声，所谓由合体而成的。其后颛顼、帝喾、尧舜及夏殷周三代的字形，各不相同，但后世总称为古文。迨至周室中兴的宣王时，史籀出而作大篆。又几经春秋战国之世，诸国各有其文字，参杂百出，甚不统一。秦始皇统一宇内，纳丞相李斯的进言，废止与秦歧异的文字，始成文字统一的大事业。这时李斯作《仓颉篇》，赵高作《爰历篇》，胡毋敬作《博学篇》，皆将史籀所作大篆的字画多者，化为简略，是为小篆。秦始以法律治国，役使事繁，对于小篆的字画，仍嫌其多，不适合事急时的需用。因有程邈之人，以简易为主，创作隶书。按隶书的命名，就是施行于徒隶之间，甚至官厅的小吏，亦得容易使用，而极称简便的文字的意义。在当时的文字已有七体：（1）大篆；（2）小篆（以使用于简册为主）；（3）刻符（用竹符刻的字体）；（4）虫书（模仿虫鸟形而幡书的字体）；（5）摹印（施于印玺的）；（6）殳书（刻在武器的）；（7）隶书（皆以使用于官厅为主）。由是至汉，汉代以隶书便利认为通用文字，自不待言。迨到王莽时代，其使用的文字有六体：（1）古文（但非大篆以前的古文，乃从孔子故宅壁中所发现的古文)；(2)奇文(古文而字体稍异者)；(3)篆书(即小篆书)；(4)左书(即隶书)；(5)缪篆(即摹印)；(6)鸟虫书(与前述的虫书同)。此外在汉初叶，草书已经发端。其后由隶书变化而造成楷书，是在汉魏之交，魏之钟繇等，曾被人称为其大成者。

第二节　文字的构造与六书

根据《说文》所述的文字组织法，对于六书的概略，固可察知一二；然而古来议论纷杂，不一其说，直到今日，尚无确定的成说。现在我们仅就其大体申说之。

六书的顺序，根据《说文》的序言，为指事、象形、形声、会意、转注、假借。若根据班固之说，则为象形、象事、象意、象声、转注、假借。很多人以为文字的创始为象形,其次指事。但这里是以《说文》之说为根据的。

一曰指事,指事者,视而可识,察而见意,上、下是也。

指事文字，例如为篆文上、下的字，依其放置短一画长一画的上与下，视之而识其为上下，察之而见其为上下之意。与这指事相似的文字，为象形、会意二种文字。不过象形是对于一物而象其形，其字形开始便有一定；指事则指无形的事，其字形始无一定，这是两者最大区别的所在。至指事与会意的区别：独立而成一体的为文，合二体而成的为字，已经详说于前。今由于会意属字,指事属文,则对两者的区别,也可判明无疑了。

二曰象形,象形者,画成其物,随体诘诎,日、月是也。

象形文字，是描写某物而象其形，自其形式屈曲来说，好似最简单的图画。日、月的文字为、，象太阳，其中的一点，传说是曾现鸟形栖于太阳之中。象弦月,其中的二点,是表现月中的阴影。又,为云,是从雨从云，云为回形的。为山字，表示有石高出之

形。其他若（水）、（草）、（木）、（鸟）、（马）、（鱼）等，直接描写其物自身形式的文字，多得难以尽举，这是我国文字的特色，也是我国文字的根源，在字典上首的字，大抵属于这象形文字。

以上二种为文，是产生字的源泉。

三曰形声，形声者，以事为名，取譬相成，江、河是也。

形声文字，系取指事、象形的事物，加写出其声音，而结合成功一种文字。例如“江”“河”二字，由水之旁取象形，由水之声取工、可。这种文字，占居我国文字十分之八以上的多数。

四曰会意，会意者，比类合谊，以见指撝，武、信是也。

会意文字，即于自然中能够会得其意义。例如合成“戈”与“止”二字的意义而为“武”字；合成“人”与“言”二字的意义而为“信”字。又如合成“鸟”与“口”的二字，自然表现鸟鸣的意义。比合“木”字二个，成为多木并立，自然表现林的意义，皆其显著的例子。

以上二种为字，系由文孳乳而成的。

五曰转注，转注者，建类一首，同意相受，考、老是也。

转注文字的解释，至今尚无定说。现依段玉裁的互训说，稍为解释一下：转注是文字与文字互合的解释，恰似由水的彼方来注明此方一样。转注与假借为文字的使用法，之前说的指事、象形、形声、会意四种，则为文字的构造法。

所谓“建类一首，同意相受”，譬如《尔雅》为训诂的书，在其说“始”的条文，如“初、首、肇”等字，多不胜举。但这么多的字，均由始字而生同样的意义。由此推考，则“考”与“老”同属年老的意义，老而考，考而老，实是互相解释的文字。

六曰假借，假借者，本无其字，依声托事，令、长是也。

假借全为音符的文字，依同一的声音，而化字于无形事物，如令长的令，为命令的令，但对发出命令的人，假借而为县令等的令。长为久远的意义，但对长居人上的人，假借而为村长等的长。又其描写物的音响或鸟的鸣声，假借的字也很多，如伐木丁丁、车声辚辚、黄鸟喈喈。此外写外国语时，常须使用这假借。

六书的略解，暂就于此告一段落。要之,《说文》是一难解的书，为文字学的大宗，非用十分的研究不为功。迨至清朝，趋向汉学勃兴的气运,《说文》的研究家辈出，就中戴震（东原）氏，与其门生段玉裁，以一生的心血，注成《说文解》十五卷，对于斯界得有《说文解字注》三十卷。其他关于《说文》的著作，尚多出现，而大抵本著述者自身（许慎）的学问，依其文字组织起来，其抽字的方法虽妙，而实用上颇感困难。后有黎永椿的《说文通检》出世，始稍得解除其困难。

我国文字由《说文》的时代,已呈混乱变化的倾向,曾几何时，今体的字体产生了。但在南北朝时代，文字极端纷乱，试从颜之推《家训》来考察，如其写“ 恶”字为“悪”，写“鼓”字为“皷”，写“亂”字为“□”，已很普遍化了。至唐始以今日的楷书为通用文字，由是文字复归统一。不过这时对天子的讳，深禁不用，故改文字的风仍盛。今日尚有写“虎”字为“乕”的人，这便是由唐朝先祖有名“虎”者,故避讳而改写为“乕”字。

我国除上所述的文字以外，没有其他的文字；有之则为宋时割据中原之辽的文字，即契丹文字，或者金的女真文字，元的蒙古文字，清的满洲文字。但是这种文字，因不能代表任何时代全国通行的文字，故无列入的必要与价值。

以上仅主在文字的形方面，而文字除形以外，尚有音与训的问题。不过音方面的音韵学,训方面的训诂学，已成专门的学问，姑且从略。

贰

书籍

我国自古为文字的国，不但书籍的数目，非常浩繁，即研究书籍的学问，也甚形发达。现因其内容复杂，特分为三节说明。

第一节 书籍的目录

书籍的目录，为研究书籍的学问。我国在前汉末叶时，刘向以校订古来的书籍而作《别录》，即所谓《刘向别录》，可算是目录学的鼻祖。自六朝至隋唐，书籍益多，分这等书籍为甲、乙、丙、丁四部；甲部经书，乙部历史，丙部诸子，丁部集类。迨北宋时，《崇文书目》

出世，目录的分类，完全成立。清朝乾隆帝时，当编纂《四库全书》之际，作成《四库全书总目提要》。这钦定《四库全书总目》的编纂，系承康熙帝六十年治平之后，在乾隆帝时代，国泰民安，为清朝最盛时期；因念奖励固有的文化，且束缚学者的身心，势所必要；故乾隆帝踏袭康熙帝的政策，编纂种种书籍，卒成《四库全书》。《四库全书》是一极大的丛书，将全国原有的书籍，以类别为经史子集四部，尽收入于《四库全书》中。

这种企图由乾隆三十八年至四十七年，亘十年始告成功，距今已一百五十多年了。《四库全书总目》，即收于《四库全书》中的书籍总目录。但只这总目录，已有二百多卷，合其全部共一万二千二十三部，书籍总数在十七万二千六百二十六卷以上。尚仅为钦定所选的名著，已有这样多的书；若并合古来全数的书，则其数目之多，实在指不胜屈了。当编纂《四库全书》时，有烧弃其书籍的全部者，有拔取其恶点而烧弃之者，则另行编纂其书目，叫做《销毁书目》，同《抽毁书目》。关于《销毁书目》所载的书籍，约百十六种；关于《抽毁书目》所载的书籍，约百八十一种，其卷数之多，自可想象而知了。此外尚有禁止流行的禁书，据《禁书书目》所载的书籍，约有五百三十余种。总合这销毁、抽毁、禁书的书籍，已达九百种以上，大抵皆有相当价值的著述，至其他杂书数目之多，那更足以惊人了。

在《四库全书》中所遗漏而优良的书颇多，据阮元所著的《四库未收书目提要》，共载有百七十多种的书目。现在每年著述的书籍，如山如海的增殖起来。因而书籍的学问即所谓目录学，益感有研究的必要。这《四库全书总目》，固属必要而结晶的著作，但以二百多卷的书，对于购带实用上，殊感不便，因有《四库全书简明目录》袖珍本的著作。在今十八年前，张之洞著《书目问答》一小册子，对于前代的名著，近代的好书，《四库》总目的顺序，均可于该书中一目了然，极为学者所器重。总之，书籍的目录，是非常必需的工具，若非细经一涉，则对于所读古书，势必难辨其书的正否。敢望国人如欲研究本国的学问,必先取这《简明目录》或《书目问答》一读，以为读书的南针，这是著者不厌烦而详细说明的诚意。

第二节　书籍的部类

一、经部

经部为我国最所尊重的经书的部类。经书的经，便是经常的经，有贯通万古而不可变的意义；又为经纶的经，登载经纶天下之大道，故命名曰“经书”。要之，经书是对于圣人书籍无上的尊称。但这经书的名称起自何时呢？在周末叶孔子删编《诗》《书》《礼》《乐》《易》《春秋》后，诸子勃兴，各主张其个人的学说。儒家为尊崇孔子所编纂的书，特颜之曰“经书”，这便是经书名称的由来。迄至前汉武帝时，有董仲舒学者出，武帝纳其建策，定儒教为国教，对于当时大学，特设讲座，以儒教的书为讲义。所谓儒教的书，即《五经》(《诗经》《书经》《易经》《春秋》《礼记》)。由这时起，始可由历史上考出经书之名。嗣后这《五经》逐渐变化，而《七经》，而《九经》，甚有《十三经》的说法。今特分经书为十部类，求得一目了然的便利。

（一）《易经》。传说伏羲氏作八卦，神农氏重八卦。所谓重八卦，是以八乘八变成六十四卦。次周文王作《彖辞》，为说易六十四卦的极简单文辞，文王之子周公旦，又作《爻辞》，为详说六十四卦变化的文辞。后来孔子更作《十翼》，阐明《易》的深远之哲理。其事实真伪，姑且不问。而伏羲、神农、文王、周公、孔子之上代圣人皆齐出作《易》，所以到了今日，《易经》还是为人热烈的尊崇。汉代不辨《易》的人，不能为高等官；唐时规定凡不通《易》者，不得居大臣之位，其尊崇的情形，实非我们能想象其万一。至《易》本身来说，是以卜筮为主，充笼圣人、诲谕世人的微意。

（二）书类。书类即《书经》类之谓。《书经》的内容，系收集尧舜及夏殷周三代诏敕布令的类。至其古文今文的争论，详于经学的变迁章，兹不赘述。

（三）诗类。诗类即《诗经》的种类。传说自殷至周共有三千几篇的《诗经》，经孔子取舍择优后，仅有三百十一篇。且孔子所采三百十一篇中的六篇，又未几散失了，故现在仅留三百零五篇。诗的体裁分风、雅、颂三种：风是周代的流行谣；雅是用于朝廷宴会或卿大夫宴会的谣；颂是用于宗庙祭祀间的。这种书籍，为研究殷周时代思想言语各种社会状态最适当的材料。在研究时,先考察《五经正义》的《毛诗正义》,与朱子的《诗集传》，则大体得以明了了。

（四）礼类。礼有《周礼》《仪礼》《礼记》三种，故称为“三礼”；礼类即指这“三礼”而言。《周礼》有谓周公旦的著述，但真伪殊难判定。这书的内容，系集录天、地、春、夏、秋、冬六官制的书，可借以窥见古代圣人治国平天下的理想。天官是记载如今日内阁官制的，地官是记载的内政部与教育部官制的，春官是记载司宗庙祭祀官制的，夏官是记载军政部官制的，秋官是记载司法官制的，冬官是记载农工商部之工的官制，今因散亡无存，乃以《考工记》一书代之。至依天、地、春、夏、秋、冬树立官制的理由，则谓天地无私，社会行政，也须法其公正，这可说是我国古代政治的一种理想，故极为后世所重视。前汉末的王莽，以《周礼》夺取汉朝;宋的王安石,也利用《周礼》推行新法。盖《周礼》作于我国大政治家的周公旦，主旨在求富国强兵。其次《仪礼》，也传说为周公所作，可由其中明了周代社会公私百般仪式作法的状况。只惜大部分残缺不全，很少学者去研究。又次《礼记》，关于《礼》的理论或杂记，由孔子弟子或信仰孔学的人记传下来。但至前汉中叶始出，当时篇数颇多，有戴德（大戴）、戴圣（小戴）二学者，出而取舍择优，至今仅有四十九篇。因这《礼记》四十九篇，为戴圣所采取，戴圣是叫做“小戴”的,故称这《礼记》为《小戴礼》。我们欲知周代的制度、风俗、人情、习惯等，则对这《礼记》颇有研究的必要。研究这《礼记》的，有《礼记正义》与《礼记集说》等书。清朝“礼”学特别发达,其中秦蕙田的《五礼通考》,为最有名的书。

（五）春秋类。《春秋》是鲁史官手录的鲁国历史，曾经孔子加以笔削，其笔削的主意，系由当时周室衰微，诸侯强霸，邪说横行，司空见惯。孔子触目愤慨，乃以极慎重的用意，正其是非善恶，于一字一句之间，暗示褒贬的意义。而其笔法，即为春秋的笔法。后来议论纷纷，莫衷一是。异其春秋解释法的，计有三派。这三学派，即所谓《公羊传》《谷梁传》《左氏传》的“三传”，各立门户，互相争辩。《公羊传》由孔子门人子夏传到公羊高，以口相传，至前汉时，始著成书。又一说称为孔子微言之学。孔子著述《春秋》的主意，在《论语》有云：“文王既没，文不在兹乎？”就是说文王既然殁亡了，欲以三代圣王的制度而治天下，自非躬任厥职不可的意思。至三世说或三统说种种的议论，这种学问，在前汉时代，却是很占势力，但后来大衰一时了。距今百年前，由清朝嘉庆道光间，忽然复兴起来。最近享盛名的康有为、梁启超等，皆奉公羊学。而康、梁对于三世三统之说，把西洋学说加味调和。我们试把三世说摘要言之，即公羊学在扰乱之世，升平之世，与太平之世，都可酌量而施行。所谓扰乱之世、是酋长互相割据而作乱的时代。升平之世，则由上种状态逐渐进化，至君主专制、君主立宪的时代，尤为演进，世界仅统治于一帝王之下，万民平等，便为太平之世。孔子将社会人类的进化，分为如此三世，以今日的世界属于升平之世，故我们应大加努力，以求达到最终目的太平之世。这种议论，不但与我国现代思想有极密切的关系，即证诸人类进化的历程，也多吻合的事实，诚富兴趣的问题。至《谷梁传》与《公羊传》，同为大学微言之学。也由子夏口传，至前汉时始成书物。其书重说五行感应之事。以上二传为今文。至《左氏传》，系左丘明征孔子《春秋》之理，说明当时事实，自初即为文字发现于世，属于古文派。因与《公羊》《谷梁》的立场不同，特多烦杂议论。这《春秋三传》与前述的“三礼”，俱为我国思想上学问上最大的潮流，虽至今日，尚有以“三礼”、“三传”为国民思想之中心者。

（六）孝经类。就孔子孝行的意见，由曾子说出，曾子门人笔记下来。因其内容简单，不必赘述。

（七）四书类。宋朱子由《礼记》中抽出《大学》《中庸》，连合《论语》《孟子》，名曰《四书》。后人认为朱子学的根本所在。

（八）乐类。乐即礼、乐、射、御、书、数中的乐，为正人心最大的利器，颇为古今所重视。在文字上显著的有《乐记》，算是《礼记》中唯一者。至议论雅乐的事，或研究六律六品的书籍，以及流行歌与其他各种音曲类，概归入子部的艺术类，与这经部的乐类，全然异趣。

（九）小学。前章所述《说文》之学，或正字义的训诂学，或正音韵的音学等，因周代取教小学之用，故总名曰《小学》。对于周代教育法的遗意，可借此考察明了，因特取入经部中。

（十）五经总义类。总括前之《易》《书》《诗》《礼》《春秋》五经的议论，或其注解者。

二、史部

史字原为司记录官之名，后来遂变为历史的史。

（一）正史类。正史是指历朝敕选的历史而言，司马迁的《史记》，原非敕选的，但后世对于敕选正史，准由司马迁《史记》数起，至《前汉书》《后汉书》《三国志》《晋书》等。我国宋时已有正史十七种，明朝增至二十一史，今日合明朝及其他加入的，恰成二十四史，为我国正史的全体。

（二）编年类。我国从前的历史，多为编年体，《春秋》自不待言，是记载其逐年的事实。然自司马迁作《史记》，始改为纪传体。纪传体是本纪与列传并立，本纪以编年体记载帝王之事；列传则网罗当时的名臣而立其传。并合本纪、列传来观察，方能明了当时的状态。前述的正史，皆用这体编成。

（三）纪事本末体。在编年体、纪传体以外，尚有以事业的本末完全集录而便一目了然的，是为纪事本末体，由宋之袁枢所创始。

（四）别史类。除以上三体历史外，尚有一别史类，如《续后汉书》《契丹国史》《大金国史》等。有名的郑樵《通志》，即为其中的一种。

（五）杂史类。这是不属于正史、编年史、纪事本末等类，而又有历史关系的，如《国语》《战国策》及私人的记录等，均收入杂史之中。

（六）诏令奏议类。帝王的诏令或当时官署的布告，及诸官的奏议等，为历史上非常有用的参考材料。故奏议类的书，是历代名臣奏议而优良的书籍。

（七）传记类。收集各时代贤人名士或一技一艺特长人物的传记。

（八）史钞类。史钞系由历史中抄录的书，如《十八史略》等。

（九）载记类。我国本土以外附属国的历史，如《朝鲜史》《安南史》等。

（十）时令类。岁事记、年鉴等属之。

（十一）地理类。地理对于历史，最有密切的关系，这是谁也不能予以否认的，如《大明一统志》《大清一统志》，以及《山东通志》《河南通志》等各省的地理，是为这部之主。又关于黄河、扬子江的记事，或边防记事，或山系水脉记事，或古迹，或游记，及其他外国地理概要，皆收入这类之中。

（十二）政书类。记载历代的通制。例如杜氏《通典》等。

（十三）职官类。搜录历代的职官制。例如《唐六典》等。

（十四）目录类。目录可分二种：经籍目录与金石目录。经籍目录，即前述的《四库全书总目》等。至金石为殷之鼎、周之钟、汉之碑等目录，是研究历代史极重要的参考物。

（十五）史评类。论评历史的，如《通鉴纲目》，是其适例。

三、子部

诸子百家自成一家学问的书，均收集在内。子原是男子的美称，或有德者之称，又弟子对师长所说的尊称，但后来转至《老子》《庄子》《墨子》等，遂变为书籍的尊称。

（一）儒家类。专收集儒家的著述，如《荀子》《文中子》，二程子（程明道、程伊川）、朱子等书，以及《近思录》《性理大全》等类。

（二）兵家类。黄帝之臣风后所作《握奇经》，太公望所作《六韬》，孙武的《孙子》，吴起的《吴子》，黄石公的《三略》等皆属之。

（三）法家类。以法律治国的学问，如《管子》与《韩非子》等类。其他若裁判或断疑狱的书籍也属之。

（四）农家类。研究农事的学问，后魏时的《齐民要术》，明朝徐光启所著的《农政全书》，可算是农业专门书籍，自田制、水利至树艺、蚕桑、牧畜，俱为备说。

（五）医家类。黄帝所作的《素问》,汉朝张机的《伤寒论》，以及所谓《汉法医》书籍，和明代李时珍的《本草纲目》等均属之。《汉法医》为研究草根木皮的药物，很有相当价值，惜近人不加考究，卒埋没其效用了。

（六）天文算法类。我国的天文，素重历法；而历法是以推步为第一,故算法随以发达。算法起源很古,《周髀算经》，有传说为周公所作之。

（七）术数类。收集关于记录各种术数的书籍，其重要的，为汉朝扬雄所著的《太玄经》，是一种推算数理的论文。又宋朝邵康节的《皇极经世》，以《易》的八卦，当元、会、运、世、卜世间的治乱（一日十二辰，一月三十日，一世三十年，一运十二年，一会三十运，一元十二会，一元天地通）。在这术数中，有以气候占卦的，又有家相人相，及九星、葬式、相墓等类。

（八）艺术类。在这类中，若尽举出书、画、印、棋等来，则种类甚多，这是我国最得意的所在，珍奇书籍不少。

（九）谱录类。这是剑、砚、墨、香和梅、菊、兰、竹等谱录。在这类书著名的，为《考古图》《博古图》等，因两书均系搜集殷周古器物的绘图。又乾隆帝收贮的《西清古鉴》，也为考证古器物绘图最佳的书，可供博物家、好古家之参考。

（十）杂家类。搜集杂书或随笔漫谈之类。

（十一）类书类。以经史子集类别而成功的一种书籍。例如清朝的《渊鉴类函》《图书集成》等。《图书集成》系万卷以上的类书，在世界上可算是大部书籍。

（十二）小说家类。关于朝廷行军的杂史类，以及琐事奇闻等。不过其多以正汉文记录，与现今盛行的诨词小说不同。

（十三）释家类。收集关于佛教的书籍。

（十四）道家类。《老子》《庄子》《列子》等道家的书，皆收入其中。

四、集部

我们一读其书，便知其为诗集、文集之部类。

（一）楚辞类。楚屈原的《离骚》，是为《楚辞》。因后世仿作之人辈出，特立《楚辞》之部类。

（二）别集类一（自汉至五代）。集类有总集、别集的区别：总集是许多人诗文的编集；别集乃某一人的诗文集。别集由作者自集个人的文章诗歌，或由门人收集。至别集类一，系收自汉至五代间文人诗人之集，如陶渊明、杜甫、李白、韩退之、柳子厚、白乐天等诗文集，是其中著名的。

（三）别集类二（自北宋建隆至靖康）。这是搜收自北宋太宗至钦宗间的诗文集。在这时代中，苏东坡、欧阳修、王安石等有名大家辈出，名著甚多。

（四）别集类三（自南宋建炎至德祐间）。南宋一代的诗文集，皆收其中。建炎是高宗的年号。德祐是宋末恭宗的年号。其间有朱子、吕东莱、陆象山、陆放翁等名高的人。

（五）别集类四（自金至元）。这是总收自金至元的诗文集。金末元初的元遗山，与元的虞道园等诗文集，颇负盛名。

（六）别集类五（自明洪武至崇祯间）。总收明一代的诗文集。其中刘青田、王阳明、前七才子、后七才子等诗文集，均有一读的价值。

（七）别集类六（清朝）。清朝顺治、康熙时代，大家辈出，文集颇多。

（八）总集类。总集是搜集多人的诗文全部。或摘录其最好的一部，如《昭明文选》《唐宋八大家文钞》，是其适例。

（九）诗文评类。收集诗文的论评，以文话诗话为主。

（十）词曲类。词曲本为词与曲之二种，但因其大体相通，故总称为词曲。

第三节 书籍的印刷

我国在周代以前，没有纸笔，印版亦未发明，所有书籍的写字，乃击破细小的竹木尖端，使含漆而书于板上，或用小刀刻字在竹简上，用韦革缀拢连起，再于中入心而合成卷，以便保存，这便是今日称书籍为卷或篇的由来。但这韦革的连缀，常易断绝的，所谓“孔子读《易》，韦编三绝”，就是这个道理。后来亦有写在帛上的书，试一考察“名垂竹帛”的话，便可充分明了了。至秦始皇时代，开始流行刻文字于石上。至木版刻字印于纸上的方法，迟迟未为发明，则由当时盛行口传学问，所谓版行的事，尚无甚大的需要。但至秦始皇时，蒙恬始作笔；在后汉末叶，蔡伦煮溶树肤、麻头、敝布、鱼网等类，发明制纸方法，又魏晋时已制墨丸及胶墨，如是笔写书籍，大形便利，纸墨已有长足的进步，竟废竹帛而不用了。惟在隋前的书籍，尚属于写本，没有印刷的。据明陆深的《河汾燕闲录》说：“隋文帝开皇十三年十二月八日，敕废《像遗经》，悉令雕版，此印书之始也。”可知印书之术，盖到隋后才有。

迨到后唐明宗长兴三年二月，历任五代宰相的冯道，始奏命判国子监田敏，将《大学》、“九经”印行出售，是为监本。所谓监本，系指国子监印刷的官版书籍而言。其后历朝沿其故事而设立：宋朝称监，辽称秘书监，金称宏文院，元称编修所，另有秘书监、兴文监和艺文监等。而明则称南北监与经厂，清则称武英殿与古香斋，故清的监本，特有殿本或殿版之称；然其为御府所印刻，则无不同。又官本，据《馆阁续录》：“秘书郎莫叔光上言：‘今承平滋久，四方之人，益以典籍为重，凡缙绅家世所藏善本，外之监司郡守，搜访得之，往往锓板，以为官书，然所在各自版行……’”则知其始于宋朝中叶；金时立经籍所，于平阳刊行经籍，元时官本，其在河北，则依金之旧，设局平阳，其在河南，则设于杭州、绍兴、平江、信州、抚州诸处，刻书甚多；明时，则自南北两京起以至各地方，盛行雕刻，凡官司到任者，必刻新书数卷以为例，其有数年任满不刻一书而去者，则众目为俗吏。其他官署学校书院均争刻书，各藩王的校刊古籍者亦多；清时，则在各地设官书局，刊行甚众。

而家塾自刻书籍，则王明清《挥尘录》说："蜀相毋公。蒲津人，先为布衣，尝从人借《文选》《初学记》，多有难色。公叹曰：'恨余贫，不能力致，他日稍达，愿刻板印之，庶及天下学者。'后公果显于蜀，乃曰：'今可以酬宿愿矣。'因命工日夜雕版，印成二书。复雕"九经"诸史，两蜀文字，由此大兴。至宋时，其书遍海内。初在蜀雕印之日，众嗤笑，后家累千金，子孙禄食，嗤笑者往往从而假贷焉。"可见私家刻本是始于五代之末，其后相继出现。

至于出版书籍的贩卖，则创始于唐末建安佘氏。而宋时镂版的地方，在吴、越、闽三处，以杭州越版为上，福建麻沙版最下，其他蜀本亦有名。金元两朝，官设的书籍多在平水，故坊肆一时群聚于此；惟吴、越、闽的书，仍不减于宋朝。明时则燕京、金陵、阊阖、临安，为书籍四大集散地；而吴会、金陵，最擅名于文献，刻本甚多，钜册繁聚。

书籍的印刻，既然如此盛兴，则大需求活版的发明了。据沈括的《梦溪笔谈》说："庆历中，有布衣毕昇，又为活板。其法用胶泥刻字，薄如钱唇，每字为一印，火烧令坚，先设一铁板，其上以松脂、蜡和纸灰之类冒之。欲印，则以一铁范置铁板上，乃密布字印，满铁范为一板，持就火炀之，药稍熔，则以一平板按其面，即字平如砥。"由此可知活版确系创始于宋仁宗时，惟据胡元瑞的《笔丛》，则谓从无有以药泥为之者，乃用木作活字；又元王祯亦传易以木字一事，陆深则记为铅字，其沿革不得而详。及至明朝，乃始用铜活字，以无锡的兰雪堂华氏、桂坡馆安氏等特著。清朝使用铜活字尤盛，如《图书集成》一万卷，即以铜活字印成的。可惜这种铜活字，不久为政府铸钱的关系，概行镕销了，现在已很难看见其陈迹，诚为可叹的一回事呢！而清高宗时，武英殿的聚珍版，实以枣木活字而印刷者；他若《四库全书》十几万卷的书籍，亦系以木活字印刷成功。

至欧洲各国在15世纪以前，尚未发明木版的印书，竟至15世纪初年，哈尔兰人珂司忒尔始发明木版印刻方法；到了1436年，曼慈人约翰古田伯儿始发明金属活字，从1450年后，才用活字印书；继而斯屈拉司布尔格人拍迭儿雪或儿又发明活字的铸造，在1462年后，遂见用于欧洲各国。我们从历史上的观察，可见印刷术的发明，是以我国为最早，木版印刻约早欧洲八百年，活字印刷约早四百年。而我国最近的印刷事业，反退后而让他人前进，不能永保优胜地位，真令人言之痛心无穷了！至距今三四十年前，由西洋传入石版印术，甚为流行，对于书籍的装印出售，粗见兴盛，可用很廉的价格，购读珍贵的古书；惟体裁尚未臻于至善之域，敢望书业同人，加以改进是幸！

叁

书道

书道是写字的技术及其一切有关于学问之总称。我国从前的书法，除实用外，尚含美术性质；又因士大夫阶级多善于写字，故特见重于世。至关于研究书道的书，则以《佩文斋书画谱》为最著名。凡书道上的书体、书法、书学、书品以及历代书家传记，均详明其书中。因此特仿其例，以说明书道的大体。且历代书家的传记，常于书品中，附有短评，特又抽录包世臣的短评，庶可藉知历代书家概略的传记，并窥见各书家的书风。

第一节 书 体

书体有古文、篆书、隶书、八分和楷行草等类，试读韦绩所纂五十六种的书体，或梦英所论十八体书，则书体如何的多，自可不言而知了。但在其中所举的书体，大抵出于好事家的假托，并非一般通用的。现在我们仅就普通使用的书体，略为分类说明如下：

一、篆书。篆书有大篆、小篆二种：大篆，周宣王时史籀所作；小篆，秦的宰相李斯等所作。大篆传至秦时，已经废去，当时人都以小篆为通用文字。迨至汉代，对于秦代所造的隶书，固参用为通行文字，但小篆也未完全废去，遂为楷隶书体的起源。至写篆书的名人，汉初有曹喜，汉末有蔡邕，以后渐次衰颓了。唐时虽有李阳冰的名家，忽然出现，但大体来说，依然是衰而不振的。仅于印章方面，应用篆书，而不久也灭亡了。后隔八百年传至清朝，始有邓石如等人，出而复兴。

二、隶书。隶书为秦汉时通用文字，因汉末的灵帝，好尚这种书体，故写隶书的名人辈出。这种文字，从秦汉时代以来，发生不少的变化，在魏的初年，则全然变了，卒与篆书构合成为楷隶。不久即变为楷书。

三、楷书。楷书又名正书或真书。在后汉章帝时，王次仲参酌篆书和隶书，作成一种叫做楷隶的字体；其后逐渐变化，遂成今日的楷书。当王次仲初作楷隶时，世人极称便利，自然广行于世间，但传至后汉末叶，已生多少的变化，在石刻之中，可以找出楷书的字迹。魏的钟繇、邯郸淳等，传说是这楷书完成之人。

四、草书。据后汉蔡邕所说：秦时战争屡起，文字的使用浩繁，以字画繁多的小篆，不合于急时应用，因此简略小篆，而作篆隶。然后尚以字画难写，不能适用于急速之间，乃更由篆隶而作草书。草为草率的草，又草稿的草，如是草书流行于世了。但自前汉武帝三传至元帝时，有史游者，出而作急就章，这便是章草文字的滥觞。就这章草传说的话：当后汉章帝时，有杜度善写草书的名人，因章帝爱其草书，故以得名。这种传说是否确实，殊难判定。不过章草若从其每字的分写来观察，则谓为较隶书快写的，实可肯言。至这种分开所写的，是别于章草，称为独草。又在杜度以后，有张芝的续写草书，是为连绵草。迨至王羲之时代，又把这章草一变，遂确立今的草书体。

五、行书。这种书体，系在后汉灵帝时，刘德升由正书、草书间特别写出一种字体，一名叫做行押书。这行书后由晋的王羲之、王献之二人，始告完成。

六、八分。关于八分，古来有多种说法，颇难判其是非。惟据普通流行的说，则以后汉的蔡邕，除去隶书八分而采其二分，除去小篆二分而采其八分，作成这个字体，故以八分名之。又宋徽宗的《宣和书谱》，也是这种说法。自两汉至唐的金石类，对于篆、隶、行、书的字体，均有写过；而这八分字体，则到处找不出其遗迹来。但至唐代，这八分书始见流行了。其字体颇似隶书而成波势。要之，八分是伴时代的变化，而为书名的变化，今的楷书，便是昔时隶书之谓，今的隶书，又是昔时八分之谓。据最近康有为的说法，将前说与后说打成一片：秦篆变石鼓字体，而采其八分；前汉的人，又将秦篆变化而采其八分；后汉的人，更变化前汉的而采其八分，结果便产生了这种名称。所谓八分，系指其程度而言。总括一说，八分的字体，不管各人如何的解说，其与隶书有极密切的关系，这是谁也不能予以否认的。

第二节 书 法

书法系关于写字的法则，最初讲究这法则的，算是后汉的蔡邕。蔡邕所著述的《九势》，即是讨论落笔、转笔、藏锋、藏头等九种法则；然而果否蔡邕所作，殊难断言。其次晋时卫夫人的《笔阵图》，颇为名高。卫夫人取李斯等的笔法，附合自己的考究，而成七个条（原寓贻教子孙的意义）。其七个条：

横，如千里阵云隐隐然，其实有形。

点，如高峰坠石磕磕然，实如崩也。

撇，陆断犀象。

折，百钧弩发。

竖，万岁枯藤。

捺，崩浪雷奔。

横折钩，劲弩筋节。

在这《笔阵图》之后，尚有唐太宗的《笔法诀》，与欧阳询的八法等。八法即以卫夫人的七个条，加入一法。至于笔法享盛名的，为“永字八法”，就是“永’字初笔的，曰侧，第二笔的，曰勒，第三笔的，曰努，第四笔的，曰趯，第五笔的，曰策，第六笔的，曰掠，第七笔的，曰啄，第八笔的，曰磔。至其各

个法则的传来，系由楷书完成时而成功的，张芝、钟繇、王羲之等，均受这传授。迨隋的智永，更敷衍其旨趣，而授于虞世南，如是渐次传播于世间了。然而今传的八法，则说是由唐的李阳冰传下，在李阳冰的言辞上，有王羲之以十五年功夫，学习一“永”字的话。但其真伪，很难保证。又有颜真卿由张旭所授秘法十二意的传说，因其多由书家的口传，又属写字时的实际问题，姑且从略。

今将元朝郑杓的书法流传图，介绍在下，以资参考。

书法流传之图

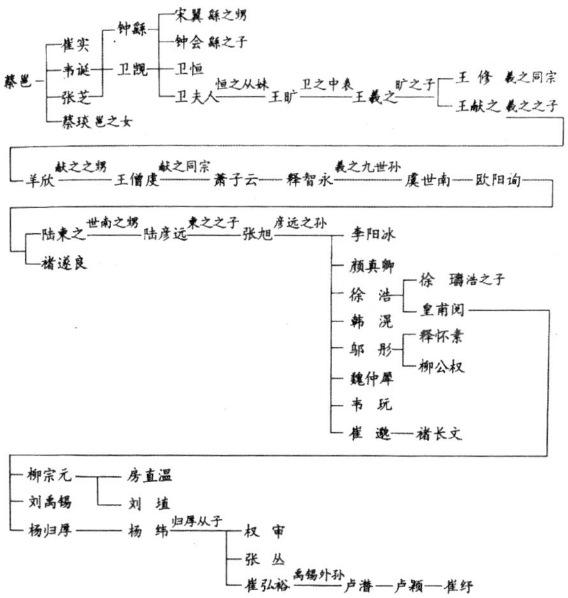

此图自蔡邕至崔舒，皆亲相接受；惟蔡邕毅然独起，可谓世间豪杰之士。

要之，所谓笔法传授，自六朝至唐，实为事实上非常主要的。又执笔法也属严重问题，其特殊名高的为拨镫法，这拨镫法，是研究怎样持笔的问题，各人意见不同，很难分别清楚。但据普通的说：镫为马的镫，拨是抽拨而回转。乘马时足践置镫上，则为能乘马者。同一理由，执笔时以中指与食指轻抑于笔，则容易活动自如，手掌成为圆形，恰似镫一样。故拨镫法，即是如何拨镫的方法。这种学说，载于《书苑菁华》的书中。在这拨镫法以外，尚有欧阳询的三十六法，或书诀等，非常繁多。直至元朝，还多出现。在清道光年间，包世臣著有《艺舟双楫》的书，其中执笔法与结字法，多属专门问题，不便详为介绍，敢望有志于书道者，自为寻出参考好了。

第三节 书 学

书学是研究书道的学问，古来叫做论书，今日非改称书论，颇难分明：惟实际来说，总以叫做论书为正当。这种论书，以唐朝孙过庭的《书谱》，宋朝姜夔的《续书谱》最为著名。至于元明，这种著述甚多，不胜枚举，其中董其昌《画禅室随笔》论书，很为有趣。洎乎清代，亦多产生，其中阮元的《北碑南帖论》与《南北书派论》，同前述的包世臣《艺舟双楫》，一样名高于世。此外根据这书的主张，更立一家的见识，则为康有为的《广艺舟双楫》，今日尚属盛行。这书与前书，同为北碑派的中坚。

第四节　书　品

书品是品评书家的笔迹，而判定其优劣，可谓为今的编号一般。在南齐时代，王僧虔作《论书》，对于宋晋间的名家，以极简单的文章，致其论评。梁武帝也有《古今书人优劣评》，自钟繇、王羲之以下三十余人的书家，概用短文，加以批评。又庾肩吾作《书品》一书，这便是“书品”名词的由来。在这《书品》中，将草书、楷书的书家百二十八人，分为上上、上中、上下，中上、中中、中下，下上、下中、下下九个阶段，并加以短评。唐朝书道勃兴，品评盛行，初有李嗣真作《书后品》，将李斯至唐书家八十一人，分别论评为十等，以张芝、钟繇、王羲之、王献之，四人为一类，叫做“书圣”；此外上的上品，上的中品，上的下品等，共分九品。次张怀瓘作《书断》一书，分为神品、妙品、能品三阶级，以论断自晋至唐的书家。又作《书估》一书，研究书家的价格，这便是书家价格论的滥觞。据这书说：当时王羲之的字，流行极端，曾有某大官倾其数百万贯的财产，始寻得羲之手写行书五张。今日书画的价格，所谓发财关头，惟好名闻而无节制。如是不学无能之徒，群以卖字为标本，深受识者所指弹。不过张怀瓘的时候，为唐玄宗时代，是我国文艺的大发达期，因鉴赏书道的奥妙，特提高其价格。其他仿作的《书品》或《书断》，继续产生，至宋以后，渐告衰颓。迨到清朝，包世臣作《国朝书品》，将清朝诸名家，大别为神品、妙品、能品、逸品、德品五类。神品一人，为邓石如的隶书和篆书。妙品三人：邓石如的八分和楷书，刘墉（石庵）的楷书，姚鼐（姬传）的行书属之。

第五节　书人传与短评

关于书道最初名高的人，固不得不举李斯；但此则由后汉末叶蔡邕论起。

蔡邕。蔡邕书，骨气洞达，爽爽如有神力。

后汉灵帝好书，书家于以辈出，惟以蔡邕为第一。当时所立石经，固不消说有蔡氏的笔迹，而其笔迹传至今日，尚有《郭桂宗碑》与《西狭颂》等。

张芝。张芝书，如汉武爱道，凭虚欲仙。

张氏为蔡邕同时代的人，因其为草书的名手，故有呼之以草圣者。传说他曾有“临池学书，池水尽黑”的逸话。由此传到三国时代，则秦汉以来第一人的钟繇出世了。

钟繇。钟繇书，如云鹄游天，群鸿戏海，行间茂密，实亦难过。

今体的楷书，系由钟氏所创始。其笔迹传下的，有

《宣示表》《荐季直表》《贺捷表》等；尤以《宣示表》为最佳。又吴的皇象，名也很高，《天发神谶碑》，传说是其笔迹。

兹附带略述秦后书体的变迁：秦篆字形完整，渐成圆角，化繁杂为简略。至后汉字形，一变而为破磔，篆书与隶书全然分离，汉隶于以告成。然至汉末，又取篆书的圆形，一变而为楷书。在这前后之间，行草的字体，也渐近于完成。由是再传至晋，卫夫人出幕了。

卫夫人。卫夫人书，如插花舞女，低昂美容；又如美女登台，仙娥弄影，红莲映水，碧沼浮霞。

书道为晋代特色之一，非常精工而巧妙；由此推考当时的思潮，极好文采风流，自无疑事。所以在这时代，竟产生这卫夫人以女性而为书界名家。据说王羲之的师匠，就是这卫夫人。

王羲之。王羲之书，字势雄逸，如龙跳天门，虎卧凤阁，故历代宝之，永以为训。

王羲之为书道的大成者，凡谈起书道的话，无不推崇王羲之为第一人。在我国历代帝王中最英明的唐太宗，曾对羲之作如下的批评：

所以详察古今，研精篆素，尽善尽美，其惟王逸少乎？观其点曳之工，裁成之妙，烟霏露结，状若断而还连，凤翥龙蟠，势如斜而反直，玩之不觉为倦，览之莫识其端，心慕手逸，此人而已！其余区区之类，何足论哉！

实际言之，羲之的笔迹，如现传的《乐毅论》《黄庭经》《兰亭序》等篇，确足为学书者的模范。《乐毅论》与《黄庭经》是小楷，《兰亭序》是行书。此外有名的草书，尚有《十七帖》。

王献之。王献之书，如河洛间少年，虽皆充悦，而举体沓拖，殊不可耐。

献之为羲之的子，与父并称“二王”。其笔迹，以小楷的《洛神赋》，最为名高。这父子二人，不但是书道的冠冕，而其大成真行草三体，尤为不可忘的功劳者。

在这父子的后，著名书家，则为梁的萧子云了。

萧子云。萧子云书，如上林春花，远近瞻望，无处不发。

六朝末叶，智永诞生，他是王羲之七代的孙，说书道的关系，以晋为祖，以唐为子，自六朝至唐的一大关键。其笔迹，有《真草千字文》。由是传入书道黄金时代的唐朝。

唐朝因好书的太宗、玄宗帝王辈出，书道特别盛行，竟达六朝以来的顶点。在这时代，始设书学，开以书登用人材的路，同时公然取用楷书为通行文字。因此关于书界人材，有彬彬然辈出之势。在初唐时，有所谓贞观的四家，即欧阳询、虞世南、褚遂良、薛稷四人。

欧阳询。欧阳询书，如虎饿而愈健。

欧氏出自羲之门下，八体的书，无一不通；但今人所尊重的，是其楷书。《九成宫醴泉铭》与《化度寺碑》，特别著名。

虞世南。虞世南书，如白鹤翔云，人仰丹顶。

虞氏由智永而受羲之的笔法，曾为太宗书法的师。其笔迹，以《夫子庙堂碑》与《汝南公主墓志》等，最为有名。

褚遂良。褚遂良书，如孔雀归佛，花散金屏。

褚氏学习虞世南书法，极其巧妙而美观，其《雁塔圣教序》，有人说是唐代书法的惟一者。

薛稷。薛稷书，如雏鹄具千里之志。

薛氏学褚遂良书法，很负盛名。

次至玄宗时，因玄宗好字形的丰满，书界受其影响；于是肥而整的字体，大为流行。如颜真卿、李邕等的书风，均属这类。

颜真卿。颜真卿书，如耕牛稳实而利民用。

颜氏为节义显著的人，书风极其温厚，曾被称为正人的模范。但其书风变化无穷，所谓“一碑一面貌”，即于每一碑上，必异其书法。其笔迹在楷书方面，以《宋璟碑》《中兴颂》等为著名；在行书方面，则《争坐位帖》，可算是唐代名帖之一。

李邕。李邕书，如熊肥而更捷。

李氏是行草书中的名手，曾被人呼为“书仙”，苏东坡、赵子昂等，都很受其影响。董其昌有“右军（羲之）如龙，北海（李邕）如象”的话，是直认其与羲之相匹敌。

在这诸人同一时代，又同写肥厚的书风，尚有苏灵芝者。只因其为世间俗书，卒无很好的评价。迨中唐后，书风又一变化，渐为尊崇清劲，柳公权即其代表者。

柳公权。柳公权书，如关雎挚而有别。

柳氏是颜真卿以后的第一人，当穆宗问书法时，答以用笔在心，若心能正，则笔自正，诚为名言。又柳氏满心力求变化羲之的书法。

除以上诸人外，如张旭、孙过庭、怀素等，皆为一代杰出人物。惟篆书自晋以来，渐形衰颓；至李阳冰出世，始对这书法，示以长技。

由唐而至五代，书界遂呈不振的状态，仅有梁的杨凝式，颇为苏东坡所感服。

宋代的书界，可算是苏东坡、黄山谷、米元章的舞台，对于唐代书风的结构，重见一大变化，以置重意态为主。虽蔡襄依然维持唐风，然终敌不住这新潮流。此等四人，称为宋的四大家。

苏轼。苏轼书，如丙吉问牛，能持大体。

苏轼即东坡，秉赋诗文的天才，固不待言；其书法也算是宋代第一位。有人评其书风近于颜真卿，直至元明清，均极流行于世。其笔迹，以行书的《醉翁亭记》，最为名高。

蔡襄。蔡襄书，如子阳据蜀，徒饰銮舆。

蔡氏遵守唐风，深入虞世南的堂奥，曾被人称为可居于“宋代颜真卿”的位置，这种短评，似讥其固守唐风的所致。

黄庭坚。黄庭坚书，如梁武写经，心仪利益。

黄庭坚即山谷，其书风颇似柳公权，最重风韵，有说得自六朝陶宏景所传笔迹的《瘗鹤铭》者。

米芾。米芾书，如张汤执法，比用重轻。

米元章，米海岳，米南宫，皆为这人的名。他在四十岁前，刻苦研究古人的书风，故对其书有由“集古字”而来的评语。至四十岁后，融合诸家的书风，纵横变化，自成一家，卒为著名的人。惟其书风，颇似褚遂良。总之，宋代的书界，纯为苏东坡、米元章二人的舞台；而举其特色，则在行书与草书巧妙的点。

次至元代，有名的赵孟頫出现了。

赵孟頫。赵孟頫书，如挟瑟燕姬，矜宠善狎。

赵子昂系苏东坡以后第一人，虽至今日，尚多受其影响者。他的书风，有“简札如羲之，碑版如李邕”的美称。虽说这种评判，似属夸大其辞；但其结构的笔迹，确为巧妙而美观。元朝除赵子昂外，尚有鲜于枢、虞道园、康里子山等名高之人。

洎乎明朝，明的书风，大抵受子昂的影响，优美者多，而少刚健。其特征在于行楷书的精工，而草书也不能说无名高的。行楷多属子昂的流派，草书则属张旭、怀素的流派。

祝允明。祝允明书，如戎人砑布，不知麻性。

祝允明一名祝枝山，因其右手六指，故得是名。其书狂草，非常奇巧而奥妙。

文徵明。文徵明书，如风舞琼花，泉鸣竹涧。

文氏主学子昂而加味。宋代书风，溯及于晋唐，近及明末，有所谓四家出现，即邢侗、张瑞图、董其昌、米万钟四人。又王铎也出来了。

董其昌。董其昌书，如龙女参禅，欲证男果。

董氏书风，以颜真卿为主，而大字学李邕。其见识之高，有“凌于米元章而置赵子昂于眼下”的评语。

以上所述历代书家小传和短评，大体根据《佩文斋书画谱》；而这书画谱，系由康熙帝的勅撰，故未举及清朝书家，今依个人所知的，略为一说。

在清朝康熙雍正年间，因明代的引续，与康熙帝的嗜好，董其昌的书风，大为流行，其次米元章也颇流行。既而至清朝全盛期，乾隆嘉庆年间，以赵子昂为主行，杂及颜真卿。这种倾向，系由乾隆深爱赵颜书风，当官吏登用试验时，受验者的笔迹，每以帝中竟为合格；故受验者竞习赵颜书体，即所谓院体书的起源。后来赵子昂势力渐衰了，乃加味欧阳询，转重颜真卿、柳公权。而至末叶，则仍习欧阳询与赵子昂，书风整齐，以致圆润为鹄的，是为院体书的变迁。另一方面，在乾隆、嘉庆年间，有学宋元法帖而得大成者，即张照（得天）、刘墉（石庵）二人。这二人均由董其昌变化而来的。此外法帖家，以梁同书（山舟）、王文治（梦楼）等，颇负盛名。又这时代，《说文》研究盛行，金石学问抬头，于是帖学顿呈活动的气运，阮元的《南北书派论》《北碑南帖论》，开其先河，卒由翁方纲（覃溪）成立书界舞台。迨道光后，倾向六朝碑学流行的时代，有名的邓石如（完白），为应时代的需求而出现了。后包世臣著《艺舟双楫》，大扬北碑的气势。至咸丰、同治、光绪之代，这北碑派的势力，尤形扩张，从包的门下，出有吴熙载（让之）、赵之谦（撝叔）等名家。但是对于南帖派方面，也非全无人物，不过赶不上北碑派声势罢了。又有学颜真卿的何绍基（子贞）、翁同龢（松禅）等人辈出。最近吴昌硕（苍石）学石鼓文字，极其巧妙。杨守敬（惺吾）由唐的遗墨，翻立一旗帜。罗振玉（叔言）掘出殷墟龟卜文字，穷极篆籀来源，其影响于将来的书风，如何变化，实是一有兴趣的问题。

肆

宋以前的绘画

我们对于绘画问题研究法，一若书道问题，大体根据《佩文斋书画谱》，先将其分为画体、画法、画学、画品与画人传等类，再就各类之下，说明其历代演进的概况，庶得推知各时代绘画的倾向，及其代表画家的传统状态。

第一节　画　体

书画的起源，同出于象形文字，一面看其为文字，另一面看其为模样；这种模样，即为绘画的初步。象形文字，已详说于文字章内，系如

、等字。这种文字为我国文字的特色，也是我国文字根本的所在。我国文字由象形文字进化而大篆，而小篆，而隶书，而八分，遂成今日的楷书、行书和草书。画也由这文字所出发，原为辅助文字效用的一种机关，渐次独立，卒成我国艺术界大部分的绘画。故古来学者谓书的元祖，为黄帝史官仓颉，画的元祖，为黄帝史官史皇。然以仓颉为画之元祖,也无不可。书体方面,有篆、隶、真、行、草等的不同体式，一目了然；而画是描写天地间万物的状态，颇难立其体式的分类，惟就画的本体勉强分类，则可暂分著色画与墨画、密画与疏画的区别；然此仅由个人主观所假定。至画界的区别画体，系就其描写事物而分类，古来大抵这样，如古时分画十三科，即其分类法之一。不过这种分类法，由于人或时代关系，自有种种不同。画的十三科：(1) 佛菩萨相；(2) 玉帝君王道相；(3) 金刚鬼神罗汉圣僧；(4) 风云龙虎；(5) 宿世人物；(6) 全境山水；(7) 花竹翎毛；(8) 野骡走兽；(9) 人间动用；(10) 界画楼台；(11) 一切傍生；

(12)耕种机织;(13)雕青嵌绿。这十三科初见于书籍上的,是在明初的《辍耕录》。但是元代讨论这十三科的事,不但出有诸种书籍;即以这分类法,比较宋徽宗《宣和画谱》的分类法,则由来也很古了。《宣和画谱》的分类法:(1)道释;(2)人物;(3)宫室;(4)番族;(5)龙鱼;(6)山水;(7)畜兽;(8)花鸟;(9)墨竹;(10)蔬果。这分类法,颇似近代的分类,因较十三科完备多了;然欲借用于现今的画体分类,仍有不妥地方,故不得不以自己意志来分类,以助自己的研究,将其区分为人物、山水、故实、动植、楼阁、地图六种。如此分类,固不能概括今日的绘画全部,乃仅取古代画的画题与画材,分列于这六类之中,请读者切勿误解!

一、人物。人物画为宋代以前绘画之主,试观画十三科中的佛菩萨相、玉帝君王道相、金刚鬼神罗汉圣僧及宿世人物四科,固可归入这部类内,即绘《列女传》人物,推至圣贤像,孔子及门生七十二人。功臣像,汉唐时代,麒麟阁凌云台所画的,以及高官名士各种人物的肖像。仕女素描的美人画，也皆收入这部类中，故其种类甚多。我国古代的绘画，多属这人物画，当时原是社会教育的一法，绘其善事恶事，善人恶人，以示劝善惩恶的意义，有所谓像教的话，非特加重视不可。

二、山水。山水昔为人物画或楼阁等的补景，后来逐渐发达，自六朝至唐，始为独立。盖秦汉以来，群求长生不老之术，神仙思想流行，一转而道教也流行了，由其影响所及，六朝便有山水画家出现，至唐的李思训、王维，遂告大成。如是从前人物画占据画界大部分，由这时起，则全变其位置，而以山水画占据画界大部分了。在山水画方面，有李思训所画的金碧山水，王维所画的渲淡山水（即水墨山水），及南宋以来的青绿山水各种。

三、故实。这是绘前代事物而画出其历代事迹，如《三礼图》，可见《周礼》上土地的制度，并从宗庙、宫室、服制、车马、器物等模型的绘解，得以观察《仪礼》《礼记》的真像。又《王会图》，系诸蛮夷羡慕中华德政，由各国来朝献贡的图；或《封禅图》，为我国帝王最盛仪式，与《泰山封禅（祭祀名）图》等，皆尽收入这类中。他如农桑耕织情形的《豳风图》，自然也以归入这类为宜。故这种故实画，是绘画中最切实用的，其效果正与用文字表现的文章相等。

四、动植。这是关于动物、植物的画，固不待言。自曹不兴以来专成一科的龙画，唐代最盛行的马牛，宋代后许多名家所画的花卉、翎毛，以及蔬、果、兰、竹、梅、菊等类均属之。此固注重墨画，然也非无著色之物，如苏东坡用朱画竹，便是一例。此外对竹方面，尚有二重画的勾勒竹。总之，这动植画，种类繁多，屈指难数，而名手也继续辈出，虽至今日，尚颇流行这类的绘画。

五、楼阁。所谓界画或界作，均指这楼阁画而言。在这类中，有汉的《未央宫图》《甘泉宫图》种种；其目的一若故实的绘画，将其实物画出，而补文章的不足。这种绘画，是隋唐画界的特色。

六、地图。这是绘画地理的图，其目的同于故实画，亦带有实用的意义。地图的画法，固多用平面图；然对于山必画出山形，对于水必画出水形，对于城市必画出城市形状，对于要塞必画出要塞形状。又《鸟瞰图》最古者，可算是道教用的《五岳真形图》。我国宋初的地图，非常伟大；但以毛细笔描绘，山川城邑的模型，极其彩色的奇丽；尤其海洋，以巧妙手腕，画出波浪形势，令人赞赏不止。可惜这绝好之物，现在已多散亡不在了！我国往昔的地图，多含一种绘画情味，因其饶有兴趣，特立这一类。

除上述六种普通区别外，尚有一不可忘的，就是装饰用的模样画，如供南唐李后主装饰用的铺殿花、装堂花，即其显著的例子。铺殿花系画花写于绢上挂在殿中用的，装堂花是以规则排列花的位置，使其花模样化。此外的壁画，自印度传入后，在六朝后半期，尤其唐代特别流行于世，被称“画圣”的唐代吴道子，即这壁画的大家。

第二节　画　法

画法盛行于世的有六法，对于这六法的事，始见南齐谢赫的《古画品录》序中，即是（1）气韵生动；（2）骨法用笔；（3）应物象形；（4）随类赋彩；（5）经营位置；（6）传模移写六种。在这，（3）的应物象形是以形为主，有写生的意味；（4）的随类赋彩由同一描写，而异其彩色；（5）系关于取画位置；（6）系取其画义，这四项事，古来无甚议论。而议论即在（1）与（2）二项上。但归纳其议论，则以人物画为主，如烟润情态种种不同的曲解，因而骨法也议论杂出了。不过山水画，至唐兴盛，由五代董源、巨然等，传到宋李成，直及近代，日益流行。而谢赫著《古画品录》时，山水画尚未为画界所重，其当时所见重于画界的，实可说是人物画；故这气韵生动与骨法用笔，非从人物画去考察不可。兹就人物画来考察，所谓气韵，即人物的气韵。凡画必有其人的气韵；

而其人的气韵，必须使其活跃画上。至骨法用笔，是于人物画的轮廓上，以书法绘画。换句话说，就是勾斫法，以线画其轮廓，次第加上色彩。又因用笔法画线，于是产出描法来了，如高古游丝描，即其一种。后来画界形势，渐次倾向山水方面，由其倾向，而引入六法，议论愈为纷起。我们倘欲明了其原故，则不仅限于这六法，而对其区别上，实有由历史上研究的必要。

山水画法著名的，为唐王维的《山水诀》，其论山水画法，须注意当时的风景，所谓“远岫与云容相接，遥天共水色交光”,“酒旗即路当高悬，客帆遇水宜低挂”。又在《山水论》云：“凡画山水，意在笔先，丈山尺树，寸马分人。远人无目，远树无枝，远山无石，隐隐如眉，远水无波，高与云齐。”自远近法写起，渐次论及春夏秋冬的风景，以及夜景晓景的变化，颇有兴趣，堪称一种美文。但从另一方面来说，欲对王维的书，下一适当评判，则实非易事。迨至唐末五代时候，荆浩的《笔法记》出世，这便是画界笔法论的创始。此外墨画山水，渐有横断画界的倾向；惟本章主在说明宋前的绘画，故山水方面，暂留后章再说。

第三节 画 学

画学是网罗关于绘画种种的著述，以论画为主，即今所谓的画论。我们从宋前画学的著述来说，则屈指一计，不得不先举唐代张彦远的《历代名画记》。这书几十卷，自画的源流说起，直及唐代画道消长之迹；又六法的事，南北朝画的传统，以及画的价格鉴识法、收藏法、阅玩法、装帧法等，也附加论评。且自古至唐三十余画家的小传，概行汇集，有志画学的人，诚有一读的必要。在这书后，尚有宋朝郭若虚的《图画见闻志》。总之，关于宋前所有的画学，概载于《历代名画记》中。只惜这书仅收入《津逮秘书》的丛书内，没有其他单行本，甚形不便。除这

《历代名画记》外，如《贞观公私画史》等书，也颇有参考的价值。

第四节　画　品

画品的品，即是品评的品，将诸家的画位，加以相当的品评。画品最古的，要推南齐谢赫的《古画品录》。这书将六朝初期，由吴曹不兴至南齐间代表画家，分别等级起来。其分法，自第一品至第六品，凡六等二十七人。谢赫因将古称“画圣”的晋朝顾恺之，坐居第三品的第二，宋朝陆探微坐居第一品，遂莳后世争论的种子。后有姚最的《续画品》，把宋齐梁画家二十人，分别等级，试加短评。而其著述的主眼，即由谢赫推陆探微第一位，而贬落顾恺之，为抱不平而作是书。再续这二书的著作，为唐代李嗣真的《画录》，自汉末至唐初代表画家，分为上品上、中品中、下品下九等，以陆探微居上品中的第二，顾恺之居中品上的第五。这顾陆二人始终变化，皆由评者自己意志为判定，试观张彦远的话：所谓“从偏爱顾者来观察，自以顾的方面较胜；反之，从偏爱陆者来观察，则又以陆的方面较胜。”便可证明其非客观态度了。除上三种著述外，尚有唐僧彦悰的《后画录》，他由南北朝至唐贞观年间，列举画家二十七人，分等加评。其次朱景玄的《名画录》出世了，这书援张怀瓘《书断》之例，将唐代画家百二十六人，分为神妙能三品，三品中又各区别上中下三等，总计九等。除三品以外，另置逸品名称，品评那不拘泥常法的画风。后至张彦远时代（唐末），传说董伯仁、展子虔与阎立本、吴道子画的屏风，值金二万或一万五千。杨契丹、阎立德画的扇子，值金一万；但这种价格，系当时有识绅士所收买名画相当的价格，非真若今日的卖画价格，其那种高价，实含有宝画的意义。

第五节　画人传与短评

兹由各种画品中，选录其对历代画人的短评，俾读者可知代表画人的略传，并得一瞥宋前的绘画史。

我国由象形文字所进化而成立的绘画，渐次发达，在尧舜时代，已于衣服上附着其模样。至殷武庚，因其梦见名臣，乃绘其容貌，而向全国寻求，由此人物画发达的程度，也可推知其一斑了。迨到周末，人物画极端流行，试从楚屈原所作的《天问》来考察，在祭楚先王或公卿庙祠内，曾见绘有天地山川的神灵，和古圣贤的像。后传至秦，因阿房宫的建筑，一般艺术界大受其影响，固不待言；而绘画方面，也因受其影响而演进了。次及汉代，比较汉代的文化，以武帝时为最盛。当时张骞始入西域，由安息国带回葡萄和石榴，汉代天马葡萄镜的模样，即由那里变化来的。在这时代的当中，增广画的用途，常绘功臣像于麒麟阁。武帝殁后的不久，又有毛延寿人物画之名家出来，因故意丑绘王昭君美人的肖像，乃被斩于市而死了。毛延寿系尚方画工，后世的画院，便由这尚方画工而变来的。洎乎后汉，因明帝爱好画学，且当时佛教传入国内，渐次佛教画流行了。可惜这时代的画品，现在求一也不可得，只能于石刻中，看出其一些遗迹，如山东肥城县李堂山祠和嘉祥县武梁祠的石刻，便是其例。这等石刻，至今犹存，读者或得亲见的机会。且武梁祠的石刻画，曾有摹印出售，故无说明的必要。后汉衰亡，而至三国，三国之中，其建都江南的吴国，产出曹不兴大家，如是江南遂为画人的渊薮。考其原因所在，则由江南山水明媚的惠赐。江南画家的元祖，可算是曹不兴，他大得人物画的巧妙，尤其擅长画龙。

曹不兴。“不兴之迹，殆莫复传；惟秘阁之内，一龙而已。观其风骨，名岂虚哉！”（《古画品录》）

三国统一而入于晋，晋之卫协，出自曹不兴门下，世称佛画的元祖。其道释人物，评价皆高，为一变我国绘画之人。

卫协。“古画皆略，至协始精。‘六法’之中，迨为兼善，虽不该备形似，颇得壮气，凌跨群雄，旷代绝笔。”（《古画品录》）

由卫协门下，产出顾恺之大家。顾为六朝三大家之一，实是非常人物，其特色在于人物画，而禽鸟、龙虎、山水等也佳。

顾恺之。“格体精微，笔无妄下，但迹不逮意，声过其实。”（《古画品录》）

“长康之美，擅高往策，矫然独步，终始无双，有若神明，非庸识之所能效，如负日月，岂末学之所能窥？”（《续画品》）

晋为五胡所逐，避落江南，是为东晋。如是汉民族履上江南风景的好处，思想上大起变化，所谓六朝金粉的华丽文字，非常流行；同时道教、佛教盛行，隐迹山林的隐者风气，日增月长起来，故山水画渐由人物画的背景，而得独立的机会。后晋亡于宋，在宋朝时代，六朝三大家之一的陆探微产生了。据六法所载，陆氏始以书道运笔法，应用于绘画上。他的作品，多属人物画、绘佛像和古圣贤像。

陆探微。“穷理尽性，事绝言象，包前孕后，古今独立，非复激扬所能称赞。但价重之极乎上，上品之外，无他寄言，故屈标等一等。”（《古画品录》）

次及于齐，谢赫产于是时，因为人物画的泰斗，其画风一时风靡于世。前说的六法，始见于这人所著《古画品录》中。

谢赫。“……貌写人物，不俟对看，所须一览，便工操笔。点刷研精，意在切似；目想毫发，皆无遗失。丽服靓妆，随时变改；直眉曲鬓，与时事新。别体细微，多自赫始，遂使委巷逐末，皆类效颦。至于气韵精灵，未穷生动之致；笔路纤弱，不副壮雅之怀。然中兴以后，象人莫及。”（《续画品》）

又次至梁，有六朝三大家之一人张僧繇出来。其绘佛像圣贤像，最为酷肖。当时梁武帝好信佛教，引起佛画的流行。武帝命人至印度摹写祇园精舍佛像，如是印度壁画传入中国，因而印度的画风，也渐流行于内地了。张僧繇所创的没骨皴，便是由印度画脱胎而来的。

张僧繇。“……善图塔庙，超越群工，朝衣野服，今古不失，奇形异貌，殊方夷夏，实参其妙，俾昼作夜，未尝厌怠，惟公及私，手不停笔，但数纪之内，无须臾之间。然圣贤晒瞩，小乏神气，岂可求备于一人？虽云晚出，殆亚前品！”(《续画品》)

前述诸人，均为南朝的人。至北朝方面，所称为北朝第一者，则为北齐的曹仲达。他是佛像名家，唐朝阎立本曾说其为人物画的大成者，可见其画法的高妙了。

曹仲达。“师依周研，竹树山水，外国佛像，无竞于时。”(《续画录》)

北朝自北齐至后周，而隋始并合南朝，统一全国。这时以楼阁人物秀出一时的，是为展子虔。其对人物的描法，以彩色绘人颜容，活泼若生。唐代画风，多由这人所流出。又董伯仁，也为楼阁人物的妙手，堪与展子虔相匹敌；但因其所居，缺乏山水之助，系居于军幕中，故较逊色一点。

展子虔。“触物为情，备该绝妙，尤善楼阁，人马亦长。远近山川，咫尺千里。”（《后画录》）

董伯仁。“综涉多端，尤精位置，屏障一种，无愧前贤。”（《后画录》）

要之，隋画的特色，在于楼阁，即所谓界画。而炀帝显仁宫、汾阳宫之大筑，穷极一时的奢靡，可说是有相当关系。在隋代中，尚有郑法士、孙尚子等，亦为人物画名手，画界于以大盛。

迨至唐代，唐初受隋风的影响，多长于楼阁人物，当时致密而巧丽的画风，甚为流行，阎立本可作其代表画人。阎氏绘有《秦府十八学士图》《凌烟阁功臣图》，非常著名。其兄立德，传说也为画中妙手。

阎立本。“学宗张郑，奇态不穷，变古象今，天下取法。”（《后画录》）

唐代玄宗时，为全唐极盛时代。当时以诗来说，既出李白杜甫大天才家，复有岑参、高适等诗人，一变原来的诗格，而创造今体。同时画界也有吴道子，集前代画技的大成，充实壮大的旨趣，对于人物、鬼神、楼阁山水，均甚工巧。其发明的吴装，于焦墨之中，施以淡彩。汉魏六朝以来占居画界大部分的人物画，自吴氏后，渐次降落而衰了。又重故实而与文字同效用的实用式古画，也从此杂入想象，渐变为鉴赏物了。

吴道子。“古今独步，前不见顾陆，后无来者。授笔法于张旭，此又知书画用笔同矣。张既号书颠，吴宜为画圣。神假天造，英灵不穷。众皆密于盼际，我则离披其点画；众皆谨于象似，我则脱落其凡俗。弯弧挺刃，植柱构梁，不假界笔直尺。虬须云鬓，数尺飞动，毛根出肉，力健有余。当有口诀，人莫得知。数仞之画，或自臂起，或从足先。巨状诡怪，肤脉连结，过于僧、繇矣。”（《历代名画记》）

与吴道子同一时代，尚有李思训、王维二人，盛画山水，如是山水画勃然兴起，有夺人物画位置的趋势。

李思训系唐的宗室，以细而劲的皴法，绘画山水；并用青绿石画具和金箔金粉等，所谓金碧山水，由此创始了。其子昭道，更用细描法来绘山水。这种画风，系由展子虔、阎立本而演进的。但其创造渲淡墨法，一变拘研法，主在神韵飘渺，以绘山水画的，是为王维。后世称这派为南画或文人画，前之李思训一派为北画。

李思训。“著色山水，用金碧辉映，自为一家法。其子昭道，变父之势，妙又过之。”（《画鉴》）

王维。“胸次潇洒，意之所至，落笔便与庸史不同。”（《画鉴》）

此外动植物方面，如马的名家，有曹霸的人，其门生韩幹、韦偃，也颇著名。又韩滉、戴嵩二人的牛，边鸾的花鸟，均为一时杰作。边鸾系唐代第一的花鸟家，宋代的花鸟画，概由其所流出。迨唐亡而至五代，山水画家、花鸟画家辈出。但因其对宋后的绘画，发生密切关系，特留下章说明。

曹霸。“曹霸画人马，笔墨沉着，神采飞动。”（《画鉴》）

边鸾。“唐人花鸟，边鸾最为驰誉，大抵精于设色，秾艳如生。”（《画鉴》）

伍

宋以后的绘画

本章的主眼，在详叙自宋至清绘画的概略，特重山水人物方面，与前章分类，稍为差异。

第一节 宋后绘画演进大势

唐朝为人物画大成，山水画独立的时代；而花鸟画，也于是时莳种萌芽了。迨至宋代，接续前代的遗泽，在宋初花鸟画界，出有黄筌、徐熙二大名家，山水画界也出有董源、李成、范宽三大名家，如是山水花鸟，遂得空前未有的发达。且仁宗徽宗，深富绘画的趣味，立策奖励，因此百尺竿头，更加一层的发达。所谓扩张画院制度，设置画学，均在这个时期。而这时期，正是花鸟画的黄金时代。徽宗骄奢的梦，虽为金兵一击，尚未醒觉，卒造成崩于五国城的悲剧，北宋于以告终。其子高宗，流落汴梁（即今之开封），建都临安（今之杭州），是为南宋。高宗也深具绘画兴趣，在和战声嚣之间，尚开画院，以集画师。这南京画院的画，以山水画为主，院画的山水，实以这时为第一。故宋代通北宋、南宋成为绘画的全盛时代。原来唐画的本旨，在求与文字同为实用之物，自这时代起，已全失实用性质，玩赏绘画之风，勃然兴盛起来。

次至元画，一切绘画，仅为宋代的余波。换句话说，便是画界一变迁的过渡时期。惟山水画为明清南宋画先驱者，有高克恭、黄子久、王蒙、倪瓒等人；花鸟画为明朝花鸟界开山者，有钱舜举等人。又人物画，前代主绘道释；而这时代，则显示趋入历史画、风俗画的倾向。

代元而起的，是为明朝。明朝系汉民族驱逐蒙古族而统一中国，学术文学的兴盛，自可不言而知。即绘画方面，也称旺盛，复兴画院，宣孝二宗先后好画，其画院所招集的名手，堪与宋徽宗、高宗的两画院，前后赛美，呈现相对的现象。当时画院的画风，大抵山水方面，以南宋院体画为主；花鸟方面，以黄氏体即北宋院体画为主。至明中叶，出有沈石田、文徵明等山水画家，吸收元末四大家的画风。迨到万历年间，这派人材辈出，遂呈横断一代画界的趋势。明末董其昌、陈继儒等续起，卒达流行的绝顶。董其昌自任士大夫画的大成者，立南北两宗的区别，这派称为吴派。吴派画人，大抵文章家，常弄笔墨，鼓吹尚南画贬北画（即院画）的议论，其风的盛行，大有靡然一世之势。

清承明代的遗泽，画界中心的山水画，系接董其昌系统，固无待言。当初代表人物，为四王吴恽，即王时敏（烟客）、王鉴（廉州）、王翚（石谷）、王原祁（麓台）、吴历（渔山）、恽寿平（南田）等六人。惟其中恽寿平，是花鸟的大家。至清朝的内廷供奉，所谓画院的画风，固不脱南画范围；然不失于南画的放恣，描法极其精细巧致，这可说是由明末染受西洋画的影响。即后来倾于花鸟画的写生，也多少带有其影响的关系。

第二节　宋后的画体（山水花鸟）

前节关于宋后画界的大势，已经概括叙及。本节再就其山水花鸟的画体，略为一述。

一、山水画

自古附属于人物、楼阁的山水画，渐次独立，至唐已呈其大成，如李思训父子的金碧山水，王维郑虔等的渲淡山水，及王维一派的王洽新创泼墨法，均其显例。自唐末至五代，这倾向尤为显著。例如，荆浩折衷笔法和墨法，自成一家；其门生关仝所绘秋山、寒林、村居等画，穷极巧妙手段。关氏生于长安，受地形的影响，其绘山水，能现出山的几重之几重，诚为古今特色。这荆、关二人，后世合称“荆关”，系一变唐代山水画，而推移宋代山水画的大家。宋初由荆关门下，造出李成、董源、范宽三大家；这三大家，有人说是我国古今独步的山水画家。李成好写平远的寒村，因用直擦皴法，卒被评为惜墨如金者。其后郭熙继起，所著《山水训》，自古称为绘画山水的范本。即世传三远的高远、深远、平远画法，亦由这人所创始。董源生长画的本场江南地方，水墨类似王维，著色近于李思训，最巧秋岚远景，不用际立笔法，天真烂漫，神气活现，所绘作品，多属江南风景，以小树木点缀成形，有“墨势淋漓，溢出纸上”的评语。其门生巨然，也颇著名，米芾的画法，即由这人点缀而成功的。又范宽从师李成，为学其造化，移居终南山与华山之间，目击山云烟状，风月阴霁的变化，而绘于纸上。时人评论李成之笔，近视如千里的遥远；范宽之笔，远望也不离坐外。总之，前述之人，均对五代以来勃兴的笔墨山水，表现折衷旨趣。然自米芾一出，则新立一机轴，变化王洽泼墨法，与董源的画方，以行草书法，绘画云山烟树，后世因呼为“云山元祖”。其子友仁（小米），在南宋初叶，画名甚高。故二米的画风，颇多影响于后世。

按上所述，南宋高宗好画，画院于以复兴。惟北宋的院画，是以花鸟为主；至南宋的院画，则以山水为主。南宋画风，史称北宗，因李思训金碧山水的中断，赵伯驹、赵伯骕兄弟兴起，使用纤笔，绘画青绿山水，非常巧致而整齐。此外在画院的李唐，高宗评为足与李思训相对比。后至宁宗年代，有刘松年的画家，笔法细润，色彩润丽，颇善于画。同时马远脱化于李唐，使用简笔，另学吴道子的兰叶描，以水墨描画树干，硬立石角，与同时代的夏珪，创立水墨苍劲一派。这二人的画风，几度变迁，明朝戴文进等，传说即由这派所流出。

到了元初，有名的赵子昂出世，多画人物和鞍马，又善绘山水。而其山水，系学晋唐的古画，多用高古游丝描，不用泼墨，常以书法绘画；尤其所用飞白法绘石，古今传为名话。在这时代，尚有高克恭，其画系变化宋初李成、董源等，更继米芾父子，别出手法。除此以外，则为南宋院画之祖而善绘青绿山水的钱舜举了。惟钱氏系花鸟画的泰斗，故须在叙花鸟时再说。元的山水画，以元末四大家为代表，即黄子久（公望）、王叔明（蒙）、倪云林（瓒）、吴仲圭（镇）四人。黄子久字一峰，又号大痴，由董源、巨然的变化，自成一家，画趣逸迈，盛称于世。其所绘的对象，大抵二种：一为浅绛山水，山顶笔势，极其雄壮；另一种为水墨，绝少皴纹，笔意简古。王叔明别号黄鹤山樵，因为赵子昂外孙，特得其风韵；且混和董源和王维，于墨法秀润上，加以有趣的书方。而其特别致密之处，在于叠合山水至数十重，另绘树木数十种，云烟起兮径路连，极备山林的幽致。人物也佳，故后世称赞其画，为四家中最优善者。倪瓒号云林，脱化董源，参酌米芾，深富疏淡简劲之趣，堪称元代逸品第一人。吴仲圭号梅花道人，主学巨然，用笔古劲。要之，这四人，以简淡高古的旨趣，寄于笔墨法间，大变宋风，而作元格，为明清南宗画的先河。

洎乎明代，为山水画盛行的时代，画派百出，颇难区别。以大体而论，则可分为吴派、浙派、院体画派。

（一）吴派。从元代的引续，尤其承元季四大家流的明朝诸画家，强半吴人，因此称为吴派。这派明初已很盛行，但至明中叶沈周（石田）、文徵明（衡山）二人诞生，更为勃然大兴，自嘉靖至万历后画界，殆全为这派的独占场。沈石田是以绘画游戏为旨趣的人，不拘泥任何法规，始学王蒙、黄子久等，继由高克恭，会得二米风趣，未几，遂与倪云林同趣了。文徵明主学石田，兼习赵子昂、倪云林、黄子久等画体，而参酌南宋的李唐。其得意笔法，在于巧致；而其气韵神采，有为明代第一的定评。至明末董其昌、陈继儒等，均属吴派的大成者，一方面深得董源、巨然的笔意，极苍老秀逸之趣；另一方面兼长草画，但于草画之中，也具苍老秀逸之趣。

明末以来，对于南画、北画的派流，大有党同伐异的倾向，议论纷杂，莫衷一是。而这种区别的由来，系由董其昌说起，今特从董氏《画禅室随笔》中，摘出关于南北画议论二则，以供参考。

“文人之画，自王右丞始；其后董源、僧巨然、李成、范宽为嫡子。李龙眠、王晋卿、米南宫及虎儿，皆从董巨得来。直至元四大家，黄子久、王叔明、倪元镇、吴仲圭，皆其正传。吾朝文沈则又遥接衣钵。若马夏及李唐、刘松年，又是李大将军之派，非吾曹易学也。”

“禅家有南北二宗，唐时始分。画之南北二宗，亦唐时分也，但其人非南北耳。北宗则李思训父子着色山水，流传而为宋之赵幹、赵伯驹、伯骕，以至马夏辈。南宗则王摩诘始用渲淡，一变勾斫之法。其传为张璪、荆、关、郭忠恕、董、巨、米家父子，以至元之四大家，亦如六祖之后，有马驹、云门、临济儿孙之盛，而北宗微矣。要之，摩诘所谓云峰石迹，迥出天机，笔意纵横参乎造化者。东坡赞吴道子、王维画壁，亦云：‘吾于维也，无间然。’知言哉！”

在吴派之中，尚有几个别派：即顾正谊出入于元季四大派，而起华亭派；赵左折衷董源、黄子久、倪云林三人，而起苏松派；再由苏松派中，又产出沈士充的云间派。

（二）浙派（明代院画）。南宋院画体的水墨苍劲派，至明代戴文进复兴了。戴氏学马远与夏珪，又兼李唐所长，除精绘山水外，尚善人物花鸟。后被宣宗召入画院，一变南宋浑厚沈郁之趣，而发挥健劲之趣；曾有明代第一人之称。嗣后有见召于宪宗画院的吴伟（小仙），传受其笔法，与沈石田齐名，因其风行于当时，故其门流甚多。除末流江夏派外，尚有蒋嵩、张路等人继起，于焦墨枯笔的粗豪间，绘物甚形颓唐，因被吴派指弹为狂态邪学，遂向衰亡气运。不过平心论之，这派固多不良现象；而其特长所在，也殊难一笔抹杀。

（三）院画的别派。这派是南宋院体画的青绿巧整派，除作细丽的青绿山水外，尚长金碧界画，设色人物。举其代表作家，有周东村、唐六如等。不过世人虽将六如归入南画系统内，而六如的画风，实较东村富具文雅的旨趣。总之，东村、六如等的画风，系由李唐、刘松年的院画风，而至吴派的过渡物。

清初承明末的遗泽，以董其昌为中心人物，故仍属吴派独占场。若说其代表人物，则为江左四王中的三王，即王时敏（烟客）、王鉴（廉州）、王翚（石谷）。王时敏为爱董其昌的人，精通黄大痴描法，所以当时的画界，尊崇为绘画的正统。王鉴是明代王世贞之孙，最得力于董源、巨然。这二人因同乡兼亲戚关系，互相提携，共同研究，遂得画道开继的功绩。至师事这二人而融合南北两宗的王翚，论其画法，系发挥清丽笔墨的妙趣；论其目的，是以元人的笔墨，运于宋人的丘壑，并加几分唐人的气韵。所谓虞山派，遂由这人所出发。又四王中的王原祁（麓台），系王时敏之孙，除深受祖学外，最善黄大痴的浅绛山水，因其书卷之气（即士气），溢于笔端，甚得学者间的好评。其门下人才辈出，黄鼎（尊古）最为著名，这派称为娄山派。此外尚有变化石谷的吴历，巧画淡色山水，以开拓一新境。在这四王之外，又有几个流派，如自罗牧（饭牛）所出发，而用壮快笔法的一派，是为江西派；自萧云从（尺木）所出发的一派，是为姑苏派；自释弘仁所出发的一派，是为新安派。

要之，清朝康熙时代，纯继明末的南画，即所谓四王吴恽的吴派大成。迨至乾隆，渐呈变化状态，明末所注重笔意笔力的画风，这时却主向印象方面演进，不拘任何大家，概作趣味的画风。在嘉庆道光年间，因王麓台出世，而描写素人的画风，于以盛行，极具洒脱的旨趣。至咸丰、同治间，内乱外患，日相紧逼，因力的含蓄，遂呈悲壮的画调。洎乎清末，百事不振，画界也起衰颓现象，但这时我国画道广播欧美，大受西洋人欢迎；同时古画的研究，风行全国。关于艺术出版物，日益繁多，山水画方面,也于这时别开一生面了。在最近民国成立后，不但艺术界深受西洋文化影响，起了莫大的变化；即主在研究画学的美术学校，也林立于各地了。敢望这多研究画学的人们，除采取西画新法外，务须努力发扬光大本国的原有画道，幸勿弃同敝屣，任其日趋衰颓气运，是所切盼！

山水流派系统

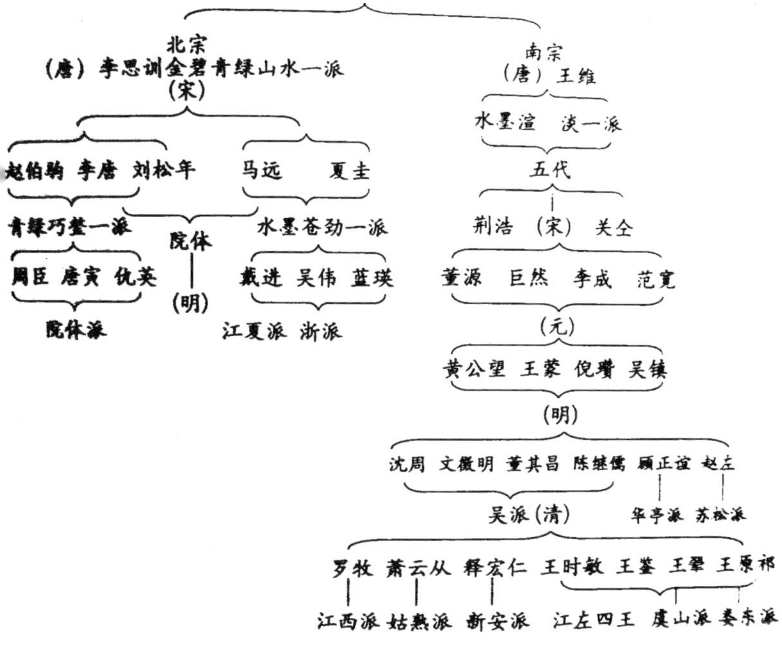
北宋
（唐）李思训金碧青绿山水一派
（宋）
赵伯驹 李唐 刘松年
马远 夏圭
青绿巧整一派
院体
水墨苍劲一派
周臣 唐寅 仇英
（明）
戴进 吴伟 蓝瑛
院体派
江夏派 浙派
南宋
（唐）王维
水墨渲淡一派
五代
荆浩 （宋） 关仝
董源 巨然 李成 范宽
（元）
黄公望 王蒙 倪瓒 吴镇
（明）
沈周 文徵明 董其昌 陈继儒 顾正谊 赵左
吴派（清）
华亭派 苏松派
罗牧 萧云从 释宏仁 王时敏 王鉴 王翚 王原祁
江西派 姑熟派 新安派 江左四王 虞山派 娄东派

二、花鸟

唐代萌芽至宋繁茂的，是为花鸟画。按前所述，唐的花鸟画，以边鸾为第一，次有刁光胤、滕昌祐等。这等人的产生，适际唐末五代纷乱之间；但在流离之中，仍得保护艺术田地，诚为难而可贵的事。由是传至后蜀南唐间，后蜀南唐的君主，均好奢靡，而尚绘画，因生黄筌、徐熙等名家。这二人直到宋代，为宋代花鸟的大成者。黄荃曾入后蜀孟昶绘所，后又见召于宋太宗的绘所，其花竹翎毛，纯由写生造成。至其画法，先事勾勒，再于画中填入彩色，特备优美生动之致；故他画法，大影响于后代花鸟界。徐熙出于南唐名族，曾事风流而长书画的李后主，后入于宋，与黄筌对比为花鸟画大家，其对后世的影响，也不劣于黄筌。徐氏的画法，与当时流行所用色彩绘画花鸟，颇不相同，乃先以墨描写，然后施上少许色彩，能取笔法的配合，复得色彩的调和，使其状宛然生物一般。这黄筌、徐熙二人，世称花鸟画的双璧；而其相异点，则正如俗谚所谓“黄筌富贵，徐熙野逸”。盖黄筌主绘禁庭的奇花珍禽，嵯峨怪石，极其富贵情趣。徐熙则到处描画水鸟、闲鱼、野竹、幽花，大发挥野逸的风格。但总括二人来说，诚堪称为花鸟界空前绝后的人物，而互取二人的长所，是为徽宗花鸟画的趣味。

黄筌的子黄居宷，承宋太宗眷遇，出仕绘所，加力父的画法，极勾勒填彩的巧妙，世人称为怪石山景而特具绝妙的人。其画法，开北宋院画的一体，臻富贵庄丽的顶点，卒成所谓黄氏体者。至郭熙的孙郭崇嗣，在画院体外，发明没骨写生的画法，深具轻淡野逸的情态，恰与画院对抗，这即所谓徐氏体。没骨画是不用墨笔，直以彩色绘成的。北宋的画院，自神宗起用黄氏体后，至崔白、崔悫兄弟出来，顿生重大变化。而徐氏体方面，自赵昌出后，以猿画享盛名的易元吉，目睹赵昌的画，立志注重实物写生，遂成名于一世，米元章称其为徐熙以后第一人，其名望之高，自可不言而知了。

迨至元代，花鸟画的名手，有钱选（舜举）、王渊

（若水）二人。舜举是赵子昂学画的师匠，其花鸟画，由赵昌、易元吉脱胎徐氏体的没骨画，遂开明代花鸟画的先河。若水受画法于赵子昂，专修黄氏体的勾勒法，而作绮丽的绘画。除此二人外，尚有赵子昂叹曰“黄筌再生，亦不过此耳！”的陈仲仁和盛懋等。盛懋系仲仁之子，陈琳的门生。

至明的花鸟画，自须先举边文进、吕纪。这二人祖述黄氏体，而更立一机轴。边文进主在写生，注意叶的正反面情态，凝苦心于彩色研究；且以笔勾勒，并重墨法。吕纪则于鹤和孔雀配合间，杂以花树美景；而其绘树笔法，颇似浙派的用笔。对于当时山水画流行的用笔用墨法，多少影响于花鸟画，于此也可推知了。不过当时除此优丽作品外，若沈石田、王问等，用一种简易率直的画法也多。又有以水墨描写花鸟的林良，笔力雄劲，好似草书一般，这便是花鸟写意派的元祖。这种写意派，陈淳（道复）也属其中的有名者，由是以后，勾花点叶体一派兴起；它是折衷黄氏体的勾勒法与水墨写法，乃用勾勒法绘花，而书法绘叶的，其代表者为周之冕。

清朝继续明代流行的画风，计有黄氏勾勒派、勾花点叶派，及其演进的写生派。至花鸟大家四王吴恽的恽寿平（南田），系由徐氏体变化纯没骨派而最注意写生的人，所称清代画界特色写生的正派，普通称为常州派。较恽寿平早生的人，尚有王武（忘庵）；较其后生的人，也有蒋廷锡（南沙）。此外更有以《小山画谱》的作者邹一桂（小山）出来，其《百花卷》的花叶画法，及绘具的使用法，概受西洋画影响。而其画法，以石绘具作花卉，并参用淡绘具，使那石绘具高出绢上，甚为美观。再受西洋画法影响而最要注意的人，便是寄居康熙画院的焦秉贞，在《桐阴论画篇》说："工笔花卉，精妙绝伦。盖西洋界画之精细，偃仰凹凸，阴阳向背，直与造化同功，国初以来之第一人。"可见焦氏的画风，所给清代花鸟画界极重要的影响，自可深信无疑了。至清末的赵之谦，其书道的法，系包世臣的门生，为北碑派屈指可数的人物；但在另一方面来说，却是画道的达者，不视古来法则，纯然作印象派画，诚足为人注目。最近的吴昌硕，因熟达石鼓书法，每以篆隶绘画花鸟，其着色在求色彩的浓厚，除笔力墨色彩色外，尚大发挥其隐郁思想，溢出于画上。这人的画，谅读者早有所见，恕不赘述。又沈铨（南苹）的画风，置重勾花点叶派的写生，曾游日本数年，受其影响者有熊斐、宋紫石等。张辛（秋谷）也属这派的人。

总之，花鸟画起于唐代，至北宋徐黄，始告大成，徽宗时代，算是达到流行的绝顶；俟传至明朝中叶，稍生变化，更因清代受西洋画法的影响，而造成写生一派了。而最近则又名手辈出，直向西洋方面宣传出去。

除山水花鸟画外，若人物画自明代起特殊流行的风俗画美人画，以水墨戏绘的四君子等，本应归在系统内，加以相当说明；只因内容纷杂，为篇幅所限，只好割爱不叙了。

陆

文学的变迁

我国民族，古来对于文学的尊重，有极浓厚的倾向，无论任何时代，均呈现文学的风行。因而文学变迁的情形，也极复杂无比，欲加以详细说明，实非容易的一件事。今特把其变迁的状态，大别分为四个时代：第一，文学创始的时代；第二，词藻流行的时代；第三，理论文流行的时代；第四，词藻与理论文并行的时代。以极简单的笔法，概括地叙述在下。

第一节　文学创始的时代

我国文学肇始于夏前，惟夏以前的文章不传于今，莫由知悉。而如《尚书》的《尧典》《舜典》《禹贡》等篇，系夏的史官所作；若《汤诰》、若《洪范》，则传说为殷人所作。我们试取这些文章来观察，便可知夏殷两代文学的进步了。迨至周朝，文辞日益华美，杰作不少，传到春秋战国，遂呈一极大伟观，其内容的丰富，后世竟无超出于领域者，实是中国文学史上最黄金的时代。盖当春秋战国之际，周室衰微，强国崛起，经过贵族专制的时代，而庶民阶级豪杰之士，及树立一家见识的学者或思想家，继续辈出，文学于以大发达，开空前所未有的盛况。先就孔子传统的儒家来说，则孔子的弟子曾子作《大学》，曾子门人而孔子的孙子思作《中庸》，又子思的门生孟轲出而作《孟子》七篇。这等儒家所写的文章，均以理论为主，能将自己思想，平易地表现于文字间，使为世人所理解，是其特长的地方，可称后世理论文的鼻祖。且《大学》《中庸》《论语》等书，皆能贯彻主意，保持蕴蓄。虽说《孟子》稍形差异，以纵横无穷而锐利的语气，说破诸家学说，然其中仍含意义深长之处，与苏秦、张仪等诡辩家，大为异趣。在孟子之后，荀子继出，他的文章，优容不迫，语气畅达，充笼诗人的情味，较诸孟子极锐语气，实为有趣的对照。其次道家，殆与孔子同时代的老子，其著《道德经》文章，非常简约，酷似记录孔子言行的《论语》。道家除《道德经》外，尚有《列子》和《庄子》，《列子》气象稳和，其文辞趣味处，多少有点近于《荀子》。《庄子》则纵横自在，巧弄辩舌，机锋敏锐，波澜百出，为文纵逸奇变、神绝莫可言喻，允足为诸子中的杰出者。

此外法家，以齐管仲所作的《管子》为代表，文章极端平易，意求无论何人，均能彻底了解其道理；只以其时代尚在孔子之前，文字过于简约，今日披读其书，颇多意义难通之处。又法家韩非子的文章，悉为理窟，彻底刻骨，所发议论，涉细入微，相互说明，至尽论理方法，极其严重的措辞，谓为法家的标型，实无不可。若夫兵家，则有孙武所作的《孙子》，吴起所作的《吴子》，文章庄重雅健，为学者所乐诵。再墨翟所写的《墨子》，以及杂家吕不韦的《吕氏春秋》，亦俱为结构的作品。

按照世界文学演化的通例，凡韵文皆起于散文之先，我国自不能有所例外。但太古的韵文既已不传，只有舜和皋陶的《股肱》《元首》之歌，便是最初诗歌的见于书中者，其后由夏而殷，有一稍形进步的事实，则读《诗经》里面的《商颂》，遂可窥见其一斑。至于周世，则诗歌大见尊重，太师掌之于王朝，乐正以之教国子；天子听政时，使公卿以下列士献诗讽刺，在巡狩之际，使采诗官陈列国诗，以察知民俗的情伪。于是诗人以此为叙情的工具，王者以此为行政的借镜，学官以此为教育的科目，诗歌大流行于世间了。而当时的诗，通行四言，注重实质，主在抒情写景，没有后世浮华纤弱之弊，大足为窥见是时人情风俗之助。

在周朝以前的诗文，语短意长，苍古雄劲，乃后文学界新来一气运，有所谓词赋者。从前经书或诸子百家，皆主理论文章；自词赋创生后，则重视言辞之绫，发起指重词藻的一大文派来。首创者为楚的屈原，其所作的《离骚》，即饰词藻的先河。屈原曾仕楚怀王为三闾大夫，因遇谗言，被放逐为漂浪者，但在流离颠沛之间，依然不忘故君，触物临景，不能禁其忧愁悲哀之情，乃作《离骚》以表心怀，而冀楚王之一反省。这《离骚》系《诗经》三百篇后，而可视为其比类的作品，不但譬喻的巧妙，所用文字亦甚优美，音调流丽，备具品格，是为后世词赋的模范，故屈原遂被尊为赋家的鼻祖。其门生宋玉，亦长于赋，作《九辨》以悲其师的放逐，又作《神女》《高唐》二赋，托诸寓言以讽楚的君臣。于是对于古来的诗歌方面，惹起重大的变化，每发现七言诗调，便是其显明的一例。

周室灭亡，到了秦始皇时，荀子的门人李斯，出而大变古来的政治，遂影响于文字的变化。因在兵马倥偬之间，要求简略的文字，故程邈所做的隶书风靡于世。文学方面，亦借得甚大的便利，日渐趋于华丽之域。

以上属于文学的创始时代，接着遂移到词藻流行的时代了。

第二节　词藻流行的时代

屈原、宋玉创立词赋一门，至汉甚为旺盛，同时经学复兴，有名的儒家辈出。而这儒家为词赋强盛势力所感动，亦多作重词藻的文章，如汉大儒贾谊、董仲舒等，皆善于作赋者。迨至汉武帝时，在受其保护之下，有司马相如、枚乘等文人，竟于知识阶级的文学上，养成嗜好。总之，自汉起至唐末一千多年之间，均以对偶为主，所谓骈体文大见流行了。

当汉初承三百年间兵乱之后，文学极端衰颓，然以马上得天下的汉高祖，终知不能在马上治天下，发意尊重经学，以太牢祀孔子，于是文学随着经学复兴起来。至三传文帝以后，文学已呈长足的进步，如贾谊、司马相如、司马迁、刘向、扬雄五大家，均先后出幕了。贾谊为文帝时人，长于论策，理论精确，文辞雄浑，其散文方面的《治安策》，堪称汉代第一。司马相如为武帝时人，最精词赋，有雄丽作品传世，如《上林赋》《子虚赋》，允称为赋类的上乘。司马迁亦为武帝时人，长于叙事，著《史记》一书，文辞的优美，实是我国散文史上空前绝后的大杰作。同时董仲舒亦善论说，其所写的《天人策篇》，颇为后人所爱读。刘向元帝时人，长于经术及政论。扬雄长于词赋，常作工丽的文。此外若王褒、枚皋、东方朔等，均善为流丽的词赋，风声所被，遂开汉代词赋的端绪。

至这时代的诗怎样呢？多少与前代有点异趣，带出一种慷慨的风味，盛行五言的诗，能描写及于人情隐微的作品很不少。五言的诗，发生于四言、七言诗之间，一般说由枚皋所创始。至五言诗最著名的，系苏武出使匈奴，被囚其身，在苦节十九年间，与知友李陵应酬诗，遂被后人称为五言诗的模范。此外和着乐器而歌的乐府体诗亦创始了。据《汉书·礼乐志》说："至武帝定郊祀之礼，……乃立乐府，……以李延年为协律都尉，多举司马相如等数十人造为诗赋，略论律吕，以合八音之调。"于是后人群仿其调而作诗，遂产生一种乐府体的诗了。后世所流行的词曲，强半由此所出发。

词赋与骈俪文的过渡期，为汉武帝至后汉三国西晋的时代。当这时代的开始，则有王褒、扬雄、冯衍等，于散文之中，作出一种取入对句的文体；至后汉时，班固作《汉书》，更助长其风，所谓骈俪文的作品于以产生了。而通览后汉一代文章的最佳点，即在于必骈亦骈，必俪亦俪，既非骈体文，又非散文，另有其特色的所在。三国时代，魏曹操兼文武才，擅长诗赋，其子文帝亦嗜文学，文学之士，群集其门下。尤其文帝之弟曹植，对于文章诗类，锻炼重锻炼，极得结构的所长，天才的面影，活跃于纸上，与孔融、陈琳、王粲、徐幹、阮瑀、应玚、刘桢等，史称“建安七子”，将流行极端的骈体文，加添一段气势，文章遂日陷于轻美纤巧，卒至风靡一世，而开六朝金粉文体来。次及晋朝，陆机更对曹植的文章，增益精彩，而四六对偶盛行了。至于像蜀诸葛亮的那种谨严真率的文章，则在当时殊为少见。

至诗的方面，由前汉末传到后汉，产出各种诗人，张衡是其著者。三国魏室，皆长于诗，其中曹植，尤为大家，允称上嗣苏武、李陵下开百代的人。随而晋朝陆机、陆云、阮藉、潘岳等，所作皆工丽绮靡，出而妆饰于诗坛上，传诸后世。

自东晋至梁陈间，骈俪文全然成立，是为六朝文学的最盛时。惟东晋在兵马倥偬之间，士大夫清谈成风，每于极简单言辞中，谈论极彻底而幽默的事；因而文学的进展，乃稍停顿不前，若郭璞、葛洪等，可算其间稍为名高的作家。后由东晋至宋，颜延之、谢灵运等，对于骈体文特出巧妙，益增其体裁的完整。至若陶渊明高超俗界的文章，那实是这时代的杰出者。又由齐而梁而陈，骈体文经任昉、沈约等文人的修饰，益臻大成的域。当时梁武帝博学能文，其子萧统，世称昭明太子，尤词藻富丽，编撰《文选》一书，为治文学者必读的书。稍后徐陵、庾信的文，务以音韵相附丽，句用四六、隔句为对，至得“徐庾体”的名。

至晋末宋初的诗，则有陶渊明、谢灵运二大名家，世称“陶谢”。陶诗冲雅淡远，妙选自然之域，在六朝文学中，最为异彩。谢诗甚为工丽，以视渊明，人谓有逊色云。在陶谢之次，宋有颜延之，其诗尤为缛丽。若夫齐梁，则有谢眺、江淹、沈约等能诗，即梁诸帝，亦皆嗜文学，故善诗者多出其间。而沈约论平上去入四声的音韵，而著《四声谱》，诗道于以大开。要之，六朝的文，其流荡为华丽，其陷溺为卑弱；以言其诗，则高尚典雅，特多丰神富瞻之作。尤其五言一体，更为逼近妙境。而排律之作，亦由此时代植其根基。

由隋至唐末五代之间，为骈体文与古文的过渡期。在隋世有陆法言、刘臻、颜之推、魏渊、卢思道、李若、萧该、辛德源、薛道衡等九人，著《切韵》，承沈约以后的遗风。而颜之推的《颜氏家训》、王道的《中说》等，则又皆儒家之言。故隋之世，虽为年不过三十，而唐代的文学，莫不滥觞于兹。至唐太宗为秦王时，遂开文学之馆，罗延文学之士，既而即位，置宏文馆，聚四部书二十余万卷于馆中，选拔学士，是以唐代文艺，蔚然兴起。惟唐初文章，犹未离于六朝旧习，雅尚骈俪，如王勃、杨炯、卢照邻、骆宾王，称“初唐四杰”，皆以工骈俪体见称。至武则天时，陈子昂出，乃作素朴的文，欲以挽颓风、振衰敝；玄宗时，元结亦敝屣骈俪，高唱古文，惜皆有力所不足之叹呢！后有张说、苏颋二人，肆力为雅正的文，由是文学气运，为之一变。张说封燕国侯，苏颋封许国侯，故后世遂称“燕许”二大手笔。其后韩愈、柳宗元诞生于世了，韩愈为德宗时人，独本经书所出发，综核百家，致力古文，以精严雄浑之笔，昭示当代，遂起八代之衰，复周汉之醇，创开宋代指重理论的一大文派。柳宗元初本习骈体文，至获罪贬谪的身，则改作古文，其活写山水风景和人物，极沉痛雄健之致，世遂以之与韩愈并称“韩柳”。次若李翱、皇甫湜、孙樵、杜牧、皮日休、陆龟蒙等，皆以古文名世。不过就大体言之，古文在唐末尚无显著流行的形迹，而唐代的文章，大抵以骈体文为主要的潮流。

抑唐一代文学的最造极精妙者，顾乃非文而为诗。唐初诗赋，袭六朝之后，犹带徐庾的余风，作品华丽典雅。逮武则天朝，沈佺期、宋之问等，益加雕琢，作为律诗，号称“近体”，诗界称是时为初唐。迨陈子昂出，始尽扫时习，直仿古时，力欲摹《诗经》《离骚》的诗风，由是古体诗与近体诗分野成立了。初唐告终，盛唐继起。盛唐系指玄宗至代宗间的诗而言，为诗界中人惯用语。当时诗仙李白、诗圣杜甫以及王维、孟浩然、高适等均出幕了，诗风始为大变，遂呈空前绝后的盛观。李白，字太白，天资豪放，终日嗜酒，其诗高妙绝伦，有神仙飘逸之风，尤长于绝句。杜甫，字子美，遭遇安史之乱，流落困顿，感伤时难，发为歌咏，故其诗悲壮沉郁，独绝千古。次由代宗至文宗间，是为中唐，韩愈、柳宗元、李贺、元稹、白居易等，先后出世。韩诗艰奥；柳诗温雅，李贺则作险怪的诗，自成一家；而元稹、白居易均以词句平易见称，二人互相次韵而作诗，由是次韵的诗以起。由文宗至唐末，是为晚唐，有杜牧、李商隐、温庭筠、韩偓等诗人。牧诗豪健，世称“小杜”。李商隐、温庭筠则雅近缛丽，称为“西昆体”。韩偓以香奁体见称（奁乃盛香的器，或曰镜匣。偓好咏闺女宫娃窈窕胭脂之态，集其诗曰《香奁集》）。总之，有唐一时，通初唐、盛唐、中唐、晚唐四期，皆为诗歌极盛时代，及唐衰亡，诗歌亦随以不振，更经五代，遂完全入于颓运。此外在宋代勃兴的词曲，唐时已微呈流行之兆。

第三节　理论文流行的时代

自汉起尊重言辞之绫的骈俪文，在齐梁时代，告厥完成。迨传入唐初，除初唐四杰外，世间已有几分厌弃的倾向，这倾向由唐末至五代，愈为显著。至宋太宗时，柳开、王禹偁辈，倡导古文，力涤排偶之风。真宗时，杨亿、刘筠等虽作典丽文，而已稍带古文气了。后有穆修、尹洙之徒，好韩柳文章，冀求兴起古文；又苏舜钦、梅尧臣等，亦对扶正诗风，大尽厥力。而促进理论文的发达，则强半缘于欧阳修之力。欧阳修，字永叔，庐陵人，始就尹洙而感古文的奥妙，继得韩愈之文，苦心学习，遂承孟子、韩愈的文脉，一变宋代的文风，骈俪文因以衰亡，而古文流行了。其次程朱的理学勃兴，与古文携手流行于世，所以后来文学界，自不免为古文派的独占场。其时代系由北宋至明末，凡七百有余年。

北宋的文学，由欧阳修在仁宗嘉祐中掌科举，痛抑时文，由是卑弱浮华的习气一变，而受其激励最深的，则为曾巩、王安石、苏洵、苏轼、苏辙等。今试举其各人的特长：欧阳修虽无韩愈的豪健，缺乏硬语盘空的个所，而其文丰腴流丽，迂余曲妙，极端优悠不迫，恰与其人相应。曾巩，号南丰，精通经术，为文醇雅，其定评为深得韩愈的真面目。王安石虽未学于韩愈，然其文奇峭傲兀，颇得韩愈真髓。苏洵，号老泉，二十七始志于学，为文峭劲雄伟，传言得力于《韩非子》《战国策》者。苏轼，号东坡，才气飘逸，行文臻自由自在纵横奔放的极致，观其自评所谓“有如行云流水”，诚非虚语。苏辙，号颖滨，性高洁，文如其人，高雅平正而富奇气。

北宋亦非全无骈体文，如欧阳修、王安石、苏东坡三人，均很工巧。惟王安石的骈体文，系于经书中捉来文字，活杀自在，随自己之所欲为，而不拘泥格式。即欧阳修、苏东坡及其他诸作家，也皆异于前代的骈体文，特出风味，故后人称为宋之骈体。

至北宋的诗，为晚唐五代的引续，大体流行西昆体。

但自欧阳修出后，若文章亦学韩愈的诗，其次王安石为学杜甫的结果，诗风大变。迨苏东坡、黄庭坚出世，宋的诗便完全成为宋的诗了。若试取宋诗与唐诗一比较，则立能发见其极大的差异：唐诗大抵具清空的情味，富飘渺的神韵；而宋诗则为理论文流行的关系，将诗界大禁物的理论，包举于诗感之中，惟其理论尚称有趣。

此外北宋文学界新来一气运，就是词曲的兴起。词曲乃古乐府的余波，而后世戏曲的源泉，其目的在于高歌长吟，以和管弦而合舞蹈，故有诗余之称。盖视之为诗长短句的别派，而又填词之称者，则以其每篇有一定的规矩，每句有一定的平仄，很似近体诗一般。然而每题各特其法令，作时须依题而计其平仄排次之法，以填充每句文字。这词曲创始于唐，行于五代而大盛于宋，遂乃流传于天下，后世因有唐诗宋词之称。在宋代文学界的人，殆无一不作词者，前有晏殊父子，继有苏轼、辛弃疾、周邦彦、柳永、康与之、张耒、黄庭坚、晁补之、秦观等，皆为一代词宗。而举其最优者，则为柳永与周邦彦。

古文的中衰时代，为自南宋经金元而至明之中叶。宋室于南渡后，是为南宋。南宋的文风，颇有散漫卑弱之嫌，其间虽多名士出现，今特举其一二为代表。陈亮（即陈龙川），意气豪放，而为文有失于粗豪之评。吕祖谦（即吕东莱），文体之整美，固为世所公认，然其卑俗地方，亦不免受人所评谪。吕氏著的《东莱博议》，颇为后人欢迎，虽至今日，尚多取而诵读之者。在这二人前后，而宋学大成的朱熹出世了。朱子的文章，主学韩愈与曾巩，因学臻深奥纯化之域，就其所学的踪迹，竟难为人所认出，实堪敬佩之至！如是南宋的文坛上，系以朱子为第一，自无疑义。此外若文天祥、谢枋得二人，虽非文人，而行文肖其性格，森严沉痛，能予读者极大的感动，以此著称于世。

次及金代，金的文学界，亦辈出各色人物。惟严格言之，则以金末元始的元好问（遗山），为压倒有金一代的作家。元好问，字裕之，曾撰《金源君臣言行录》

《壬辰杂编》《中州集》等书，均为结构的巨作。而通览金代的文章，则大抵出自苏东坡之流派。

嗣后灭金与宋的元朝起来了，其文学远不及唐宋的隆盛，仅承金代文章的余风。惟自虞道园出后，文运稍为转机；其次杨载、范椁、揭傒斯等继出，遂促文学的兴盛。试就虞道园在元朝文学界的位置来说，则有点似于欧阳修一出而振兴宋代文学的状态。不过虞氏较诸欧阳修，稍有力所不足之势。其次元末吴莱（草庐），亦文中健将，而为明初文学的胚胎者。

迨到明代，则明初由宋濂（潜溪）、刘基（青田）等的努力，于是文学俄然大盛。尤其杨士奇，以博大平明的旨趣，写作文章，遂成功所谓“台阁体”文章，曾经一时风靡文坛。可惜仿作的人日多，参差不齐，末流渐生浅薄情趣，如是文章渐衰了。后有矫其缺点的李东阳出来，尽其能力之所及，以求实现光大的理想，然终困于环境，不能有所大发挥。总括一言，明代的文章作家，固较多于北宋，而数其大家，则不足一屈指了。因此杰出人才的缺乏，古文不得不渐趋衰亡了。另一方面，骈体文于南宋时代，曾出足与唐代陆贽相颉颃的名家，而不久也衰颓了。在陆贽之时，朝廷诏敕，殆通用骈体文；至明的诏敕，则弃而不用，渐次骈体的文章，即由世间隐姿而终了。同时文官登拔试验特用的文体即所谓“八股文”，以非常的势力，风行一时，如是古文更呈衰退的现象了。

诗的方面，南宋诗界，古体流行苏东坡、黄山谷的风格。其专流行黄山谷的派，称为“江西派”。举其代表的作家，有杨万里（诚斋）、范成大（石湖）、陆游（放翁）等，而陆放翁为其间的尤著者。在金元之间，元遗山以刚强的性情，雄健悲壮的调子而作诗，有凌于苏东坡、黄山谷迫肖李太白、杜子美的风趣。其次虞道园，亦深得唐诗的所长。迄元末叶，又有萨都刺（天锡）、杨维桢（铁崖）出来。萨都刺的诗，极端温厚，且又流丽，超出元诗的范围。杨维桢为作乐府的名人，其诗学唐的李贺（长吉），而有凌驾李贺的气概。至明的刘基

（青田）、高启等，一扫元来的风习，惟不幸高启早年夭折了。永乐以后，文章产生台阁体，诗也有台阁体出来。但自这诗体流行后，诗渐次趋入颓运了。同时盛行于宋的词，这时也衰亡了。在这诗词衰亡的当中，传奇（戏曲）小说勃兴起来。

自明中叶以迄明末，可称为古文复兴的时代。当李东阳注全力矫正台阁体文章缺点之时，有王鏊（道严）之人出世，以唐宋的文章，尤其是韩退之、苏东坡所作的古文，唱行一世，只惜其力不足的呢！其间尚有李梦阳、何景明等人，大唱复古之说。所谓复古之说，即尽力学秦汉以上的文章，不作唐以后的文章。而在这时辈出作者之中，其最有名的，是为"前七才子"。未几，唐顺之（荆川）产生了，唐氏的文学，大体学苏东坡。其次李攀龙、王世贞等出，传承李梦阳、何景明等的倡说，更张大其风声，是为"后七才子"。其中王世贞，极负重望，一时唱覆于文学界。与这派对抗而起的归有光（震川），鼓吹唐宋的文章，力与王世贞争论。曾有人说明代的古文，以归震川为最著者。在同时代，尚有茅仲（底门）的人，批评唐顺之所选唐宋八家文，取付印刷，然仅盛行于一时。唐宋八家，即唐的韩退之、柳子厚，与宋的欧阳永叔、苏老泉、苏东坡、苏颖滨、曾南丰、王临川八人。因这唐宋八家文，有风靡一世之势，如是文学界再生气力，同时骈体文章，也微呈复兴的形态，即诗也兴盛起来。

第四节 词藻与理论文的并行时代

词藻与理论文并行的倾向，是为清朝二百七十年间文学界的现象。因清朝为我国三千年来文学界告一段落的时代，历代的文学，悉行集合而盛行其间，实可算是一大转机了。然而清朝文学兴盛的理由怎样呢？一方面，系于明末以古文为主者，与以唐宋古文为主者，及由明末以汉魏文学为主的三大潮流，总集中于清代；另一方面，因清朝为满洲族统治中国，为缓和汉民族的反抗，其第一手段，自以尊崇汉人所尊崇的宋学或汉学，并敬重各派文学大家。如是文学日向发达的途上，这便是各种文学隆盛的原因。至对于尊重词藻与尊重理论的文学，一时并行于世，又得稍为解释一下：盖清朝所流行的学问，一为宋学，一为汉学，宋学尊重以理论为主的文章，汉学尊重以词藻为主的文章。这二学派，势均力敌，互相轧轹，自不待言，而清朝的朝廷，无论任何一派，均不能加以抑压。为适宜对付的方法，只有任这两派学问同时流行，因而主理论的文章与主词藻的文章二大文派，遂得并驾齐行于世间了。清朝的文学，以清初至乾隆间为一区划，由是直到清代告终，又为一区划，这是普通人的分法。但其以清初至乾隆间，谓为属于明代方面，殊欠适当，特将其归入清朝方面。

试举清初的古文作家，有侯方域（雪苑）、魏禧（叔子）、汪琬（尧峰）三人最为显著。侯方域始学六朝骈俪的文章，继学韩退之、欧阳修，方正升堂入室的时候，不幸短命死了。汪琬学欧阳修、归有光的文章，但有力不能及的缺憾。魏禧学苏老泉的文章，纵横自在，颇有心得。此外尚有顾炎武（亭林）、黄宗羲（梨洲）等大学者，自写一家的文章。次至康熙年间，方苞（望溪）出作古文，以明大道，认文章为有益世道人心的利器，不肯苟作。其对文字的使用，立定主意，必须取用经书中的文字。至六朝以来骈体的文字，或见于诗赋中的杂碎文字，或见于语录中的俗语，决不肯用以写文章。与这人同时代，尚有刘海峰之人，也属文章的妙手。

由于文学的盛行，骈体文随着兴盛，有名的人，出有陈维嵩（迦陵）、袁枚（随园）等，均为文章的达者。

至诗的方面，则钱谦益（牧斋）、吴伟业（梅村）、朱彝尊（竹垞）三人，是为清初三大诗家。其次王士祯（渔洋山人），学唐王维、孟浩然等的诗风，主张神韵之说，深得康熙帝的殊遇，为一代的诗宗。后除其门下名高的查慎行（初白）外，尚有多数的诗人。同时词也盛行，如吴梅村、朱竹垞、陈迦陵三人，均可称为词界名手。竹垞、迦陵的《朱陈村词》，今日尚见流行。

清初至乾隆间的文学，已在上面概略说过，接着要来叙述乾隆以后至清末文学的大势。在这时代的文学，可称为清朝特有的文学。当乾隆中年的时候，姚鼐（姬传）出来了。姚氏为古文的近代大家，其古文的作法，学刘海峰，而其作品，堪与刘海峰相对比，优于方望溪。他系生长于桐城地方，世人乃指其文派，称为“桐城派”。这派尊奉明的归震川，更溯及于宋的欧阳庐陵与曾南丰。另由刘海峰流出的一文章派，是为“阳湖派”。这派以阳湖的人恽敬（子居）为主盟，张皋言等属之。其文体与桐城派，无甚差异，但对桐城派的嵌型，似有过分倾向之嫌，且主学韩退之文章，这是两派不同的特征。不过阳湖派的势力，实非桐城派盛大的匹敌。在姚鼐的门下，产出多数名士，其最名高的，则为梅曾亮。后在梅曾亮的门下，又有许多文人造出，故桐城派益形发达。尤其道光、咸丰年间，以平定洪杨之乱而轰英名于一时的曾国藩，也由这派所流出。如是这派百尺竿头，更加一层的旺盛。在曾国藩门下，出有黎庶昌（纯斋）、吴汝纶等人。据黎庶昌所说：清朝文学，其文体的正统，系由方望溪开始，至姚姬传，文章始为整正，到了曾国藩，遂告大成。

桐城派的文章，既然极大流行，如是骈体文章，也生种种的改良和进化，出有孔广森、龚自珍（定庵）、洪亮吉（北江）等文人。最近病亡的王闿运（壬秋），也是其中的铮铮者。

诗的方面，自乾隆至嘉庆间，有袁枚（随园）、翁方纲（覃溪）、沈德潜（归愚）等大家辈出。袁枚系主性灵而重写真的人。翁方纲为忧渔洋派诗风，过分奔于空灵，乃把各种实理嵌入空灵之中，借以补救其流弊。但是一言一句，举实述理，卒致所作的诗，枯燥无味，不能见重于世人。沈归愚是诗画的重要人物，其所作的诗，古诗主汉魏，近体主盛唐，既不过奔于空灵，复无罗列事理的呆板，不偏不倚，适得中庸。其门下诗人辈出，其弟子黄仲则作《两当轩集》，可惜少年而夭折了！

在这时代，出有各种的诗人，例如舒位（铁云）、孙源湘（子湘）、吴锡麒（谷人）等，是其中的最佳者。词的方面，也颇进步，张皋文一派的常州词人，最为兴盛。

迨至现代，则报章体（或新闻体）的文章盛行了，如康有为、梁启超、章炳麟等，可算是其有名作家。至骈体的文章，和桐城派的文章，已渐绝迹而衰亡了。最近由胡适之等倡行白话体文学后，全国文风，顿起重大的变化。群以言文一体的文字，来作写实的文章。但因今日尚在变化演进的当中，很难确定其界说，且一般流行的趋势，读者已多亲知，故概为省去不说，对于所述历代文学的变迁状态，暂就于此告一结束。

柒

小说与戏曲

第一节　小说的演进

我国在汉武帝时用董仲舒学者的献策，以儒教为朝廷的学问，并借以登用官吏。所谓儒教，就是以五伦五常之教而为学问的根柢。然而我国小说方面，尤为有趣。本空幻的想象，嵌入趣味的事情，使一般阅读的人，于不知不觉之间，受其勾引，忽焉欢笑，忽焉悲哭，恨不立刻读完全书，以求深知个中的微妙情节。这种纯托假空的事实，而发挥其自由自在的奔放思想，自为儒教所不满，认为非常不良的事。供善良的青年男女，以恶劣的智慧，使纯善的风俗，受其不好的影响，皆以这小说为历阶，非加以排斥禁止不可。但是人心系一极端微妙之物，儒教所教的事情，固属意善法美，谁也都承认的，只借以理说理，绝无变化，不能诱起人心的兴趣，而发展其想象能力。例如勤俭力行，固是人生处世的正道，但其间无论如何说法，终难求得人心的安慰，乃不得不靠外来的结果，以刺激其兴奋的精神，俾得有所取法而实行。所以汉武帝虽采用董仲舒的献策，以儒教为朝廷的学问，而这时代由空想所写出有兴趣的小说，仍以非常的形势流行出来，大受世人的欢迎。据《汉书·艺文志》所载的小说家，共有十五家，其编纂的小说，竟达一千三百八十篇以上。就中最著名的，算是《虞初周说》九百四十三篇。这“虞初”二字，原系当时奉稗官职的人名，而稗官乃求知下层人民的实情，所特设的一种编修官。所谓虞初，便是这编修官中一人的人名。后代所称《虞初新志》，颇流行书物的名，即由这“虞初”而变来的。可惜虞初所写的小说，今日欲求现存的一篇，也不可得见了！而在这时代前后所著成的，今日尚多存在，如《洞冥记》《神异经》《十洲记》《武帝内传》

《飞燕外传》等，均其一类。由是到晋，复由晋而南北朝，而隋而唐。一至唐代，小说勃然大兴，很多有名的作品，其收集《五朝小说》（书名）。传到今日亦不少，如《游仙窟》等书，便为唐代的产物。唐代小说的特色，在于描写全事的始末，如《太真外传》《霍小玉传》《步非烟传》，均属这类。世人多指这类小说别名“传奇”（与南曲的传奇不同）。宋代小说更见盛行，至元明清则大行特行了。但这类小说的言辞，多为文章体，所描写的对象，也属贵族事情，只供上等社会人的空闲阅读，殊非全民适用的读物。我们现在要叙述的小说，乃“诨词小说”，即言文一体的小说。“诨词”为古来学者所命名，因其不近于学者的口气。我们现在必须一扫学者风的说法，专就这诨词小说来研究之。

关于我国言文一体的小说，系由何时发起的呢？在唐末五代时，已经呈现其端芽。对于这时代以平话所写的小说，今日尚可寻出其一点残迹来。据普通传说，在宋仁宗时，为侦察民间实际的情态，乃命说书的人，就民间下层的风俗，以物语笔录下来，这便是诨词小说的创始。可惜这时代的作品，现则一无所存！不过众认是其种类之一，如写仁宗以后，北宋末徽钦二宗的《宣和遗事》，现在尚有遗本。这书所记的事，颇属杂碎，其中载有“水浒传晁盖劫蔡太师还应赠物”“宋江入梁山泊为强盗”“天罡星三十六人”等事。后来《水浒传》即由此而作其脚色。

迨至元朝，小说大形进步，在古代小说界称为“四大奇书”第一的《水浒传》出世，《西游记》也随着产生于世了。《水浒传》取用《宣和遗事》的材料，大加结构，增多人物，而编成百二十回的一大长篇小说，其中写出天罡星三十有六，地煞星七十有二，一百零八人的英雄豪杰，极为有趣味的事情。大体是说这一百零八人的英雄，群集梁山泊（今山东省地方）为盗贼，欲宋朝怀柔为忠臣，只惜被害于谗舌，悲惨祸起，遂颠末而终了！前半描写盗贼生活，入微涉细，极快活的写法，如阮小五所说的“人生一世，草生一秋！”“成瓮吃酒，大块吃肉，如何不快活？”实是快人的壮言。后半描写事朝廷而尽忠节，惜其环境不良，乃悲惨告终，又极悲惨的书风。前部快活，后部悲惨，其巧妙地方，在能寄思想于笔端，而尽情地描出生活的真象来。清初批评家金圣叹，只抽出前面七十回壮快的部分，评为《忠义水浒传》，至后面五十回，则弃而不取了。我们觉得其百二十回，均为良好的结构。惟这《水浒传》，是大才家描写世间的不平，结局作者不明其何人，而一般传说，则谓是元末施耐庵所著的。这种小说，非常投合国人肺腑。所有秘密结社或集团，却奉这书为金科玉律，故曾被禁止流行，然至今日，其流行依然不止。

其次《西游记》，据俗所传，系由元太祖礼遇的长春真人丘处机著的，共有二卷，主在描写西域地方事情。但丘处机果否确有其人，至今尚难判定。而这小说之《西游记》，以唐太宗时有玄奘三藏的贵僧侣，奉太宗命往天竺，历经艰苦奋斗，卒得取归佛经为主意，而配合猿的妖怪孙悟空，豚的妖怪猪八戒，河童的妖怪等，伴玄奘三藏往天竺取经，途中极多奇谈怪说，奇想天开，风趣百出，所谓“一跳一万八千里”的话，多得难以计数。我国考究作者的用意，则认佛教为无上的教，非道教所能匹，故不厌麻烦，尽情写出其比喻事情。若我们欲寻本国世俗思想变迁的陈迹，这书实是一种最好的材料。

由元引续传到明代，小说日见发达，四大奇书的《三国志》《金瓶梅》二书，均已诞生于世间了。《三国志》(也有说为元代的产物)，所谓历史小说，将后汉末的蜀魏吴三国事情，组合成为小说，以生动的笔法，活描孔明、关羽、张飞等言行。作者传说是罗贯中，但难十分确定。这小说大流行于世，传说清初满洲人的战法，大抵借镜于此，在军队中，以谈《三国志》为惟一军法。由今日眼光去观察，诚属笑话之至。惟关联这小说来考究，便知关帝庙所以林立各地的缘故：关帝即是关羽，传说他重义守约，深具大勇，死后能现神灵，为下层社会所最欢迎。这种思想，实与《水浒传》誓天结义的思想相通，可以考知民间思想的一方面。至《金瓶梅》纯然人情小说，能以惟妙惟肖的笔法描出当时日常生活的情态，与人情的细点，实是其高深奥妙的所在。但因所言事情，过于写实，彻底露骨，致为大雅所不取。昔时重礼教的学者，若一谈到《金瓶梅》，则以为毁损体面。但是我们认为明代的风俗，多可由《金瓶梅》而考知。敢劝历史家，应把这书详细一读。这书的角色，即以《水浒传》中行者武松的兄所娶妖妇潘金莲，与巨商西门庆日常浪漫生活为主。作者有说是明代著名文人王凤洲，或说其门生所写的；或说某人嫉怨嘉靖奸相严嵩的子世蕃（东楼）横暴淫虐，欲谋毒杀，无隙可乘，乃染鸩毒于这书纸端，严世蕃却最先读这书遂被毒死。

明代除上述小说以外，尚多历史小说，其中《东周列国志》《西汉演义》《隋唐演义》，为最流行。又截取《隋唐演义》上半部（隋的部分），另名《隋炀艳史》，尤其盛行于世间。其文章甚好，能把炀帝骄奢淫逸的情态，极情描写出来。

小说自传入清朝，益见盛行。

在清朝的初叶，有李笠翁作家，敷衍劝善惩恶的意味，而写短篇小说，其最著名的为《十二楼》。《十二楼》是关于楼阁间事情，配合各种角色而构成，另一名曰《觉世名言》，著思极其奇拔。自乾隆至嘉庆间，《红楼梦》杰作诞生了。他是百二十回的大部小说，堪称我国小说界的第一，颇似《金瓶梅》笔法，纯然人情小说，但非若《金瓶梅》般的陷于卑秽，系描写人性的真情。其中大要是说贾氏贵族家庭内事情，男的主人公，为少年贵公子贾宝玉；女的主人公，为贾府姻戚林氏女黛玉。这林黛玉即俗称林姑娘，为国人理想的妇人。此外有家庭间贵妇人的模特儿薛宝钗，以及许多美而特色的丫环，各种杂色人物的出场。故这小说产生后，不但备受世人热烈的欢迎，直至家屋、庭园、衣服、食物等，皆无一不受其影响。虽到今日，还是人手一卷，不减当时的声高。曾有外国人评判这小说，为我国衰亡的病征，固不能尽信其说，但多少总有点关系，这是不能不承认的。故欲知现代国内社会的实情，洵有一读其书的必要。

清代除这小说外，尚有描写科举试验内情的《儒林外史》，活写优伶生活的《品花宝鉴》，描绘官宦黑幕的《官场现形记》，及对《红楼梦》所写的《儿女风云传》等。迨至清末，则西洋小说的译本丛出，如侦探小说、冒险小说、历史小说、人情小说，均极盛行于世了。现在算是脱离外国小说的翻译时代，又入创作的时代。翻译小说的大家，以林琴南为第一，传说他不解外国语，只就他人读时速记下来，因其深于旧学的素养，富具诗文的天才，故名誉甚高，驰闻全国。现今小说专门的杂志，亦有数十种，如《小说海》《小说月报》《小说时报》等，是其中资格最老而较优者。至研究小说的人，大有日增月进之势，他日小说界的发达，自可不言而知了。

第二节　戏曲的变迁

欲研究戏曲的来历，实非容易的工作，现在仅就其最发达的元代起，略为叙述。

我国文学发达的顺序：最先两汉时代，文章开始流行，故称为汉文；次至唐代，为诗的大发达期，故称为唐诗；又次宋代，系由诗变化的词大发达期，故称为宋词。我们倘欲研究本国近代的文学，非彻底了解这词不可。盖诗属于古文学，词则为时代文学。由这词的发达，始产出曲来，曲系几个词的连合。其描写种种的事情，常赖优伶表演于戏，故称为戏曲。戏曲在元朝时代，始著发达。而后人对这元朝的戏曲，叫做北曲或杂剧。但为什么叫做北曲？北曲又是怎样的呢？则由其以重浊而迟缓的北方土音，当六律六音的音调，而作九宫者。九宫是黄钟宫、正宫、仙吕宫等九种调子，试举喻以说之，便是所谓义太夫、说教、常盘津、长歌等调子。把这九调子组织成歌，由九宫首的黄钟宫至终的大石调编成一剧，大抵由四段组成。至排演这曲的戏子，也有各种名目，即所谓五种角色，末、旦、外、净、丑的五种。由这五种的变化，可以做出无穷的戏剧。当元朝时代，戏曲数目很多，今日尚可由《元曲选》中，选出其最佳者约百种，如马致远的《汉宫秋》（以王昭君为主人），白仁甫的《梧桐雨》（以杨贵妃为主人）等，算是其中的杰作。除这《元曲选》之外，尚有元代名高第一的《西厢记》，描写张生与莺莺恋爱的故事，其词曲的优美，堪称古今独步，凡能读解其文学的趣味者，莫不大为感服了。

迨至元末，南曲兴起，原因系由北曲缺乏兴味，乃用南方调子，以作南九宫，卒被编成戏曲。南曲一名传奇，故称杂剧传奇，与称北曲南曲，意义完全相同。

南曲传入明代，风行于世，其幕数非特不少于北曲，且多在五十幕以上。又从南曲产生后，角色的名目顿起变化。至相对于北曲的《西厢记》而为南曲中最精华的，有《琵琶记》。《琵琶记》的主人翁为蔡邕，以蔡妻赵五娘的孝行节义为经，以另一人的妻牛小姐的优美人格为纬，而组合成功的。此外汤临川“玉茗堂四梦”中的《牡丹亭》《还魂记》，后世称为南曲的惟一作品。《还魂记》是描写柳梦梅与杜丽娘恋爱的故事，其初杜丽娘于梦中看见美男子，因而得相思病死了。然死后三年托梦于美男子（即柳梦梅），乃到其墓呼召杜丽娘的魂，竟能现形与柳梦梅会合，如是掘出其墓，死骸还魂，仍如原来的杜丽娘。这种事实的伪造，固不待言。惟其曲文的巧妙，实为世魁而足魅人。明之后清朝，亦为南曲流行的时代，其中的《长生殿传奇》和《桃花扇传奇》，最为脍炙人口。《长生殿》是写唐玄宗与杨贵妃的生活。《桃花扇》是以明末才子侯雪苑与艺妓李香君恋爱故事为主脑，附带取入明朝灭亡的当时情况，悲歌慷慨，大有令人不堪俯仰之势。至其命名《桃花扇》的来源，则由李香君在强权高压之下，守操不肯少屈，竟以扇毁自己的美颜表示死不屈从的态度。后来扇上的血，自然呈现花形，有杨文骢的人乃加用绘具画上桃花。此外李笠翁所作十种曲，亦多好而特出的，奈因非属上品，致为儒学先生所排斥，不过仍极流行于世间。又蒋藏园的《红楼梦九种曲》也颇有名。

现今国内流行的戏剧，多为北曲南曲的混合物。其歌曲，大别分为二黄腔、西皮腔、梆子腔、昆山腔四种。而普通用的，仅为二黄与西皮，梆子次之，昆山腔则寥寥少见了。在最近的过去，清室的溥侗与袁世凯之子袁克文等，频下苦心，求昆山腔的复兴，而卒不见其效。我国戏剧的主眼，在于歌唱，优伶对歌的练习，非常苦心，就中其最大的条件为嗓，即是喉音。这喉音最上等的，有所谓云遮月、脑后音等。盖二种俱由腹底出音，高低自然，上首高歌，其声遏云，控声于喉，使发潮涌之响。凡有这种嗓者，则尊称为名优。

至说近代的名优，自不得不首提新死的谭鑫培，他的艺风，有儒家的气格。其次则为名闻全国而献艺美洲的梅兰芳博士，《天女散花》是其最出手的戏。此外名优多得屈指难数，恕不逐一去举了。

捌

史学的变迁

我国史名，肇自黄帝，黄帝立史官，命仓颉为左史，沮诵为右史；左史记言，右史记事。周官有太史、小史、内史、外史、左史、右史等名目，太史掌国之六典，小史掌邦国之志，内史掌书王命，外史掌书使乎四方，左史记言，右史记事。逮及春秋，各国皆有史官，鲁有太史，齐有南史，楚有左史，晋有太史及左史，卫有太史。可见我国有意记录之史，实始于王室的史官；而史官的建置沿革，虽不敢确言始自黄帝，然从现存的金文甲文诸遗迹去考证，则最迟至殷代已有史官，实可深信无疑了。惟古代的史名，至不一定，有谓史为坟、为典、为书者。西周以后，又名春秋，如墨子引燕的《春秋》、宋的《春秋》、齐的《春秋》、周的《春秋》，（见《明鬼篇》下）又说吾见百国春秋（《史通·六家篇》引墨子佚文）；申叔时亦说教太子箴以《春秋》（《国语·楚语》）；司马侯亦说叔向习于春秋（《国语·晋语》）。是晋之《乘》、楚之《梼杌》、鲁之《春秋》，及孔子所见的百二十国宝书，虽无史名，实则皆属史书。盖我国史学，原为官名而渐假借为“历史”的“史”。迨到汉魏以降，史官的制度虽间有改革，而史官的华贵不替，所谓“文学侍从之臣”历代皆精选人才以充其职。每当易姓之后，修前代的史，则更网罗一时学者，不遗余力。因此三千年史籍，常以此等史官的著述为中心，虽不无流弊，然以专才供职，卒致史学形式上的完备为世界各国冠。梁启超先生说：“中国于各种学问中，惟史学为最发达；史学在世界各国中，惟中国为最发达。”至孔子的删定《尚书》，说者谓其所据，即三代史官所记的遗稿，这书勒成，至迟当在纪元前五世纪末（周景王、敬王间），比较希腊第一历史家希罗多德（Herodotus）作《波斯战役史》，约在纪元前四四四年，殆早百年有奇。似此世界最早有史的中国，而史籍又如是的繁多，欲加以详细叙述，自非分朝来考察不可。

第一节 春秋、战国的史学

太古史官所作的史，系文句极简的编年体，晋代从汲冢所得的《竹书纪年》，经学家考定为战国时魏史官所记者，即其代表。惜今原书已经散佚，不能窥其全豹。惟孔子所修《春秋》，踵《尚书》之后，创编年的体，吾人得借此以窥见所谓“古代正史”者。此外若《左传》所称“三坟”“五典”“八索”“九丘”，庄子所称《金版六弢》，孟子所云“于传有之”，其书虽皆不传，然可悬想其中所纪，皆前言往行的史料。汲冢所得古书，有琐语、杂书、《穆天子传》等，其杂书中，有《周食田法》及《周穆王美人盛姬死事》，凡此皆属正史以外的纪录，而为后世“别史”“杂史”的滥觞。实际严格来说，我国史学界最初有组织的名著，当推春秋战国间，左丘明的《国语》，与不知撰人的《世本》。左氏所著的《国语》，其特色在于不以一国为中心点，而通论当时各主要国家文化，常涉及全社会的各方面，不限于政治的叙述，实可称是商周以来史界的革命家呢！《世本》一书，宋时已佚；然其书为《史记》的蓝本，司马迁尝自说过：其内容有帝系、世家、传、谱、氏姓篇、居篇、作篇等类；帝系、世家及氏姓篇，叙王侯及各贵族的系牒；传则记名人事状；谱则为年表之属，史注所谓旁行斜上的周谱便是；居篇则汇纪王侯国邑的宅都；作篇则纪各事物的起源。我们只观其篇目，便可知其书与前史的异点，在开此后分析与综合研究的端绪，将史料纵切横断，分别部居，俾读者得所比较以资推论，且对于社会事项，特别注重，详及氏姓、居、作等事，已颇具有今日文化史的性质。惟惜著述者不得其名，原书又为灰烬，使我人无福读此史籍巨著！

第二节 两汉及三国时代的史学

我国史学界，在汉前的《春秋》《国语》《世本》等书，固可认出进步的形迹，却犹不足称为大成，直到汉朝司马迁的《史记》出世，始开空前所未有的伟观！当秦灭先王的典籍，遗制莫存。至汉武帝时，始置太史公，命司马谈掌其职；谈乃据《左传》《国语》《世本》《战国策》《楚汉春秋》，接以后事，成一家言，未成而卒。及宣帝改太史公职为令，于是知史务者，常由别职了。惟方史官遽变的时候，太史公司马迁（纪元前145～86年)崛起,乃绍其父遗志,上起黄帝,下至汉武,取其事迹，纂而记成，为十二本纪、十表八书、三十世家、七十列传，凡百三十篇，名曰《史记》。本纪取则于《春秋》，以叙帝王事迹；世家记诸侯沿革，既宗雅记，亦杂琐语，为《国语》的遗规；列传述英雄豪杰、伟人志士的经历；十表稽牒作谱，印范于《世本》。求所以使史实一目了然！八书详记政制，蜕形于《尚书》，凡关于礼乐、刑政、天文、食货诸事实，悉详叙无遗。诸体虽非尽出于迁的创作，而迁实集其大成，兼综诸体而调和之，创开通史体例，为后代正史所准则，故而我们不能不承认其在史学上有极伟大的功绩，而西人所推迁为东方的希罗多德呢。惟其史实颇多粗漏，这是不免有所非难的地方；至其文辞雄健，才华纵横，确非后世史家所能企及。自迁以后，史职骤低，史业渐离官学，浸假成为私著。后汉班彪为惜自武帝太初以后，史籍记载缺如，乃补缀遗事，摭拾异闻，作后传六十五篇。其子班固继父志，更加入自汉高祖至王莽的史实，仿《史记》作十二本纪、八表、十志、七十列传凡百篇，名曰《汉书》，是为断代史的滥觞，后世乃以固此书与《史记》并称曰“史汉”。然以《汉书》比起《史记》来，虽则史实精确，而文辞已大劣了。惟班固并没有及书大成，即已狱死，其八表及天文志，乃由其妹班昭（曹大家）踵成之者。至史官制度，在前汉以后，王莽有柱下史，东汉有兰台令史，后又移图籍于东观，遂为史臣所萃聚；三国时代，魏有著作郎，蜀有东观秘书郎，吴亦曾置左右国史。而言其史职，则汉宣以后，皆不及周代的完备和尊严了。

第三节　两晋及南北朝时代的史学

自司马迁《史记》出世后，因其文章优美，引起学者研究兴味，社会靡然从风，往往追慕迁作史之意，集材摹著，以冀“藏之名山，传诸后人”，寄慨于千百年之后；同时世史官制，至汉已革，私人亦可作史。故自汉以下，每一代告终，新朝必有私撰的前史，降及于隋，厥风未替（自东汉初至隋亡，约五百余年），史部著录数目，骤增至四十倍。故最近梁任公有云：“晋代为吾国史学最发达之时代！”然就其著名者而论，则有司马彪的《续汉书》，华峤的《后汉书》，袁宏的《后汉纪》，孙盛的《魏春秋》，王隐的《蜀记》，张勃的《吴录》，习凿齿的《汉晋春秋》等，但大半都已亡佚不传。其尚传于今而被称为正史者，则晋陈寿的《三国志》（魏有四纪二十六列传，蜀有十六列传，吴二十列传），宋范晔的《后汉书》（十纪、十志、八十列传），梁沈约的《宋书》（十本纪、三十志、六十列传），萧子显的《南齐书》（八纪、十一志、四十列传），北齐魏收的《后魏书》（十二纪、十志、九十二列传），此中最有名者，为陈寿《三国志》及范晔《后汉书》，兹就二书试为略述：陈寿原仕蜀汉，后仕晋为著作郎，编魏蜀吴的历史六十五篇，名曰《三国志》。其书叙事简明而不漫，文章纯洁而不浮靡，深能辨别得失，是其长处，因与《史记》《汉书》同称良史。迨南朝时，宋裴松之周览群书，为之作补注，这便是有名的裴注。范晔仕宋文帝为秘丞，后左迁宣城太守，不得志，遂召集学徒，参考群籍，编述自后汉光武帝起至献帝止的事迹，而作十纪、十志、八十列传。然书未成而晔被诛。至梁世刘昭，取司马彪《续汉书》的志类补成之，名曰《后汉书》。更至唐世，章怀太子命当时学者张大安、刘讷言、格希玄等数人为之注，便成传于今日的《后汉书》。此外梁朝刘勰所作《文心雕龙》一书，其《史传》一篇，实是创开史评的先导。

第四节　唐、宋两代的史学

唐代史学，虽没有特殊进步的形迹，然太宗曾命群臣编纂前代的历史，故正史的撰述甚多。如姚思廉撰《梁书》五十八卷及《陈书》三十六卷，李百药撰《北齐书》五十卷，令狐德棻与岑文本，崔仁师陈叔达等共撰《周书》五十卷，魏徵等撰《隋书》八十五卷，房乔等撰《晋书》百三十卷，皆为正史。就中颜师古的《隋书》，孔颖达的《纪传》，于志宁、李淳风、韦安仁、李延寿、令狐德棻等的诸志，均甚完备。而《晋书》则被讥为略实行而奖浮华，忽正典而取小说。又李延寿忧宋、齐、梁、陈诸史与魏、齐、周、隋诸史的烦芜，爰自撰《南史》八十卷及《北史》百卷。而颜师古传说是精通《汉书》而作注解，然其所具史家的识见，则殊不如刘知几。知几禀卓轶的情质，历仕中玄二宗，所著《史通》二十卷，论史家体例，述史的源流及古人得失甚详，其中崭新之说与卓创之见甚为不少；吾国论史之作，斯为第一。其后杜佑考历代的典章，著成《通典》二百卷，为史志体的肇始。此外又有历代天子的实录，如韩愈撰《顺宗实录》便是。迨至宋朝，史学大形发达，为体不限于纪体，所谓编年体和纪事本末体都已出现了。至论其研究史学的人，如欧阳修、司马光等，于史学上颇具功绩。在先石晋时，刘昫等撰《唐书》二百卷，因繁略不均，又多失实；宋朝乃命曾公亮为监修官，令宋祁、欧阳修改删之。宋祁撰列传，欧阳修撰纪志，废传六十一、增传三百三十一、志三、表四，凡二百二十五卷，名曰《新唐书》。又修以薛居正所撰的《五代史》，繁猥失实，重加修定七十五卷，名曰《新五代史》。其后司马光奉英宗敕，与刘攽、刘恕、范祖禹等，共费十六年的岁月，成《资治通鉴》二百九十四卷，起于周威王二十三年至后周世宗显德六年，其间凡一千三百六十二年，详记其治乱兴亡之迹，虽旨在帝王的“资治”，要为淹贯的编年巨著。后来袁枢依循是书，以事为纲，成《通鉴纪事本末》一书，凡四十二卷，是为纪事本末体的创始。此外郑樵撰《通志》，王应麟撰《玉海》，均博引广证，裨益史学不少；尤其郑氏批评断代史的流弊，尤深契史学的新旨。又在这时代的史学上，有一必须说明的，就是唐代以前的史，皆系私撰而成于一人之手，即如沈约、萧子显等，虽身为史官，奉敕编述，然其书以十九独力所成。自唐太宗以后，此风大变，如太宗命史臣别修《晋书》，和敕撰梁、陈、齐、周、隋五书，均大开史局，置员颇多，而以贵官领其事。自兹以往，习为成例，编史之业等于奉公，撰述的人，名实乖迕。例如房乔、魏徵、宋濂等，名为某史撰述人，实则与其书毫无关系。故刘知几的《史通·忤时篇》说："每欲记一事载一言，皆阁笔相视，含毫不断，故头白可期，而汗青无日。""史官记注，取禀监修。""一国三公，适从何在！"此种官修合撰的史，常使著者的个性湮灭，失却该书的特殊精神。因此后来所出的隋、唐、宋、元、明诸史，大抵成为绝无生命的粉本，不胜芜累之至！惟就其利的劣面来说，则在由公家照例主持办理，民族伟业得以继续保存。

第五节　元、明两代的史学

史学传到元、明二代，可说是走入颓运的时期，虽其间亦有不少史籍出现，而多失诸疏略芜蔓了。惟我人是要在叙述历代史学的变迁，故不问其优劣所在，皆必原原本本说出，俾可为今后改进的张本。当元顺帝时，命脱脱（Tukhta）等撰修宋、辽、金三史，不及三年，便告完成。这固因有三史旧本为蓝本，而粗率疏芜的地方，自可不言而知了。至论其内容，则《宋史》有本纪四十七卷、志百六十二卷、表三十二卷、列传二百五十五卷，总共四百九十六卷。此书编纂大旨，在于表彰道学，其余则皆姑以备数罢了。《辽史》有本纪三十卷、志三十三卷、表八卷、列传四十五卷、内又附《国语解》一卷，总合百十六卷。此书仅就耶律俨、陈大任二家所记者加以编纂，其疏漏处甚多。《金史》有本纪九卷、志三十九卷、表四卷、列传七十三卷，总合百二十五卷。此书系依据刘祁的《归潜志》及元好问的《壬辰杂编》所纂修，体例很为严整，故《廿二史札记》说："《金史》叙事最详核，文笔亦极老洁，迥出宋元二史之上。"其他若马端临所著的《文献通考》三百余卷，后人合《通典》《通志》号为"三通"。迨至明朝，在太祖洪武初年，得元十三朝的实录，乃诏命李善长、宋濂等编纂《元史》，然其书仅六个月告成，故甚失之草略，且缺顺帝元统以后的历史。因于明年复命儒士欧阳祐等往北平采辑遗事，又诏宋濂、王祎再总其事而续修之，凡成本纪四十七卷、志五十三卷、表六卷、列传九十七卷，共二百十卷；然仍不免脱误甚多及人名不一致之讥。其次，胡粹中以《元史》详记世祖以前攻战之迹，而略于成宗以后治平之事，乃撰《元史》十六卷以补之。又柯维骐撰《宋史新编》二百卷，评者谓为精简得宜。至陈经撰《通鉴续编》二十四卷，薛应旂撰《宋元通鉴》百五十七卷，以续《资治通鉴》，惜均芜杂纷乱，殊非良史。此外有陈邦瞻的《宋史纪事本末》二十六卷，及《元史纪事本末》四卷，取舍尚称得宜，足以续《通鉴纪事本末》。

第六节 清朝一代的史学

清初以种族的禁忌，学者莫由抒志于史；故虽为一切学术复兴的时代，独于史界的著作，最为寂寥，兴后人文考散佚之叹！顾清儒的学者，有造助于史学者，仍甚伟卓。如赵翼的《廿二史札记》三十六卷，及《陔余丛考》四十三卷，王鸣盛的《十七史商榷》一百卷，钱大昕的《廿二史考异》一百卷，均能即考证以立断，条分缕析，深得蒐校的功绩。而顾栋高的《春秋大事表》，以类排比，尤足为循《春秋》治史者的借镜。至于地理图表方面，则有顾炎武的《天下郡国利病书》百二十卷，及顾祖禹的《读史方舆纪要》百三十卷，明地理的沿革，揭史事的背景，开历史的地理学的新体。至清季杨守敬益广采史乘，绘成《历代疆域图》，更树近世历史地图的基础，有使读史者不忽于地的功效。又如高宗的《御批历代通鉴辑览》百十六卷(附《明唐桂二王本末》三卷)，

《续通典》六百五十卷，《续文献通考》二百五十二卷，《续通》百四十四卷，《皇朝通典》一百卷，《皇朝文献通考》二百六十卷，《皇朝通志》二百卷，《大清一统志》等敕撰的书，亦俱有益史学的著作。此外马骕的《绎史》百六十卷，将自上古以至秦末的事迹，博据古籍，仿纪事本末体，蒐录于各题目之下；以及《四库全书总目提要》一书，使人一见可以捉着古书的异同、伪作、依托、附会和辑佚诸事，在史料上，实为最有价值的书。至黄梨洲的《明儒学案》，全祖望续成的《宋元学案》，为开学术史的肇端。又在道光、咸丰以后，阮元、吴式棻、潘祖荫、吴大徵、严可均、翁方纲辈，对于金石的旁证与发掘，多所努力，是亦清代史学界的进步现象。而清代史界最呈特色之点，则在章学诚、崔述二氏史学史法的新论。章学诚（1738 ~ 1801）承黄梨洲、万斯同之后，为浙史学的后劲（先是黄梨洲治史，浙东史学称盛，其徒万斯同光大其学，以独力成《明史稿》，为张廷玉修《明史》的蓝本。《明史》本纪十六、二十四卷，志十五、七十五卷，表五、十三卷，列传百八十、二百二十卷，目录四卷，总计三百三十卷，有事实正确之称。惜今存的《明史》，割裂剪裁，已失原稿之旧，深为可惜！）所著《文史通义》，自谓开千古榛芜，论史旨史料与作史方法，皆有卓见。崔述（1740 ~ 1816）崛起幽燕，发愤典籍，《六经》以外，在在致疑。所著《可信录》一书，钩稽较析，务寻本真，今人称之为“科学的史家”，盖非溢誉！总之，前清一代，史籍著作固较唐宋为逊色；而史学史法的研究和考证，顿发新彩，甚有裨益于治史的功绩。这是我人不能不承认的。自清世康熙乾隆间编纂《明史》后，于是中国历代的正史，遂共成为二十四种。所谓正史者，乃纪传体的历史即平常的历史之义。而纪传体的历史，必历代沿作以为例，初非如其他的编年体历史及杂史别史之类，或作或不作之比，故此谓之正史。考其“正”字，乃正闰之正，而非正伪之正。这正史之名，始于《隋书·经籍志》列举《史记》以下至《陈书》、《周书》六十七部，谓：“自是，世有著述，皆拟班马，以为正史。作者尤广……今依其世代聚而编之，以备正史。”至宋世，乃定正史为《史记》《前汉书》《后汉书》《三国志》《晋书》《宋书》《北齐书》《梁书》《陈书》《魏书》《南齐书》《周书》《隋书》《南史》《北史》《新唐书》《新五代史》为十七史；明朝又加《宋史》《辽史》《金史》《元史》，是为二十一史；迨清高宗时，《明史》编纂完成，乃诏加《明史》及《旧唐书》为二十三史，施又加入《旧五代史》，遂成二十四史。另有称二十二史者，则于二十一史加入《明史》的。兹揭二十四史一览表于下，以代说明而资参考。

二十四史一览表

书名	卷数	撰者	年代（西纪）
1. 《史记》	一三〇	前汉司马迁	太古—前 122
2. 《前汉书》	一二〇	后汉班固	前 206—24
3. 《后汉书》	一二〇	刘宋范晔	25—220
4. 《三国志》	六五〇	晋陈寿	220—280
5. 《晋书》	一三〇	唐房乔等	265—419
6. 《宋书》	一〇〇	梁沈约	420—478
7. 《南齐书》	五九〇	梁萧子显	479—501
8. 《梁书》	五六	唐姚思廉	205—556
9. 《陈书》	三六	唐姚思廉	556—580
10. 《魏书》	一一四	北齐魏收	386—556
11. 《北齐书》	五〇	唐李百药	550—577
12. 《周书》	五〇	唐令狐德棻等	557—581
13. 《隋书》	八五	唐魏徵等	581—617
14. 《南史》	八〇	唐李延寿	420—589
15. 《北史》	一〇〇	唐李延寿	386—617
16. 《旧唐书》	二〇〇	石晋刘昫等	618—906
17. 《新唐书》	二五五	宋欧阳修、宋祁等	618—906
18.《旧五代史》	一五〇	宋薛居正等	907—959
19.《新五代史》	七五	宋欧阳修	907—959
20. 《宋史》	四九六	元脱脱等	960—1279
21. 《辽史》	一一六	元脱脱等	916—1125
22. 《金史》	一三五	元脱脱等	1115—1234
23. 《元史》	二一〇	明宋濂等	1206—1367
24. 《明史》	三三六	清张廷玉等	1368—1643

玖

经学的变迁

欲研究本国的政治、历史、文学各方面，必须先对儒教根本的经学，有相当的了解和认识，始能寻出源泉，有所凭借而着手。若经学不能彻底明了，则虽精通其他学问，而本国根本的思想，终不免有不彻底的观察，容易陷于错误的见解。

关于经学的大要，已在书籍章内说过，经学的“经”，为“经常”的“经”，是万古不变的学问；又为“经纶”的“经”，研究经纶天下的大道，由此推考，则对国人的尊崇经学，自可知其由来了。这种经学，有所谓五部的经典，即是《易经》《书经》《诗经》《礼》《春秋》。而经学有今古文学派二大系统，古来争论不定，今欲推知其历代变迁的情态，特为分节说明在下。

第一节　今文学派的经书编纂说

今文学派的人，深信孔子为经书大成者。换言之，就是主张经学系于孔子大理想的下，整理成功，自经孔子的整理后，经学始告成立，故推尊孔子，无微不至。然古文学派的人，则谓经学大成者为周公，固然推尊孔子，而在孔子之上，尚极端推尊周公。如是今文学派的人，又出而争辩，说孔子作《易》十翼（《彖》上下，《象》上下，《系辞》上下，《说卦》上下，《文言》上下），非若后世注释家的注释，一向不加考究，而照样画葫芦的。又删定《书经》和《诗经》，系以一定的义例，与独得的大理想，不同后世编纂家的编纂文选，原本不变的编成。不若《春秋》，虽据杜预所说，是本周公笔法而作的，然与班固由司马迁的《史记》，仿作《前汉书》，绝对异趣。可见孔子是有其伟大思想的存在，不能随便抹杀其功绩。虽在孔子以前，已曾有《易》；但是伏羲文王周公的《易》，系由孔子的手，始生大意义而成经书。至尧舜以来诏敕布告文或古文歌谣类，也经孔子删定后，始成为经书。《礼》也是这样的，《周礼》《仪礼》同传说为周公的制作，也经孔子的取舍选择，始列入经书中。尤其《春秋》，为孔子大抱负所在，“后世知我者其惟《春秋》乎？罪我者其惟《春秋》乎？”这是孔子自己所说的话。故如古文学派《左传》学者的主张：《春秋》文章的简略，系受鲁国史官由交际国所来文书，与自国所出文书，简记笔法的影响；其说的误，也可判明了。又汉后的人，把《春秋》看作一种历史，则孔子于历史的中，寓褒善贬恶的意味，其说的大误，更不待言了。总之，今文学派的人，确认孔子的编纂经书，便利用经书，以宣传自己的大理想和主义，而构成经天纬地的大经纶。最近康有为一派，尚敷衍上述的意味，以孔子的“素王”，拟于释迦的“空王”，恰将佛教释迦的位置，来拟孔子的儒教，这是否果得孔子的真意，姑不必论，惟就今文学派的所说，取来一叙罢了。

第二节　经学传统的功劳者

经书既然编纂了，其流传为孔子的门人，固不待言。孔子门人三千以上，通六艺者七十二人，惟对经书流传有功的，则以子夏为最。子夏承传《易经》《诗经》，如汉代有名的《诗经》注解家大毛公、小毛公，即得自其五六传。至礼的方面，《仪礼》中的《丧服篇》，是由夏手所传出。《春秋》方面，《公羊传》著者公羊高，及《谷梁传》著者谷梁赤，也为其门人。他如孔子言行录的《论语》，也说是他与仲弓撰定的。又孔子的孙子思，出自孔弟子曾参门下，除《中庸》以外，《礼记》之中，尚传说有其著作。后在子思门下，造出孟轲之大贤人，一生致力宣传孔子的学说，为五经的精通者。尤其对于《诗经》《书经》和《春秋》，特殊有深刻的研究。宋时胡安国之编《春秋胡氏传》，传说即根据《孟子春秋说》而构成的。在孟子之后，荀子传授经学之功，颇为显著。关于《诗经》方面的《毛诗》《鲁诗》《韩诗》，三个系统，皆由荀子所传出。又《春秋》中的《左氏传》，由著者左丘明传至荀子。《谷梁传》也与其发生关系。又《礼记》中的《礼》《乐》，多出自荀子的手。《易经》的传统，也有相当关系。可见荀子实是传《易经》《诗经》《礼》《乐》《春秋》的大功劳者。其后有名的秦朝宰相李斯，由荀子门下所流出，因求文字与学问的统一，焚书坑儒，经学于以衰颓了。

第三节　汉武帝经学的采用

汉朝惠帝，为谋经学的复兴，乃废止秦代所发布挟书的禁律。至文帝时，实行奖励学问，一方面济南老儒伏胜等，把自己以前暗诵的经书，口授于人；另一方面，由孔宅故壁中发现隐匿的经书。且从这时代起，创立学校，设教授博士官。次至景帝，又次武帝。武帝是自古称为秦皇汉武的英主，立定方针，以经学为政府的学问，其建元五年，创置五经博士的大学，设《易经》《书经》《诗经》《礼记》《春秋》等科目，为明经学者受试验而登用的制度，由是经学复向勃兴的机运。当时解释五经者，有下列各学派：

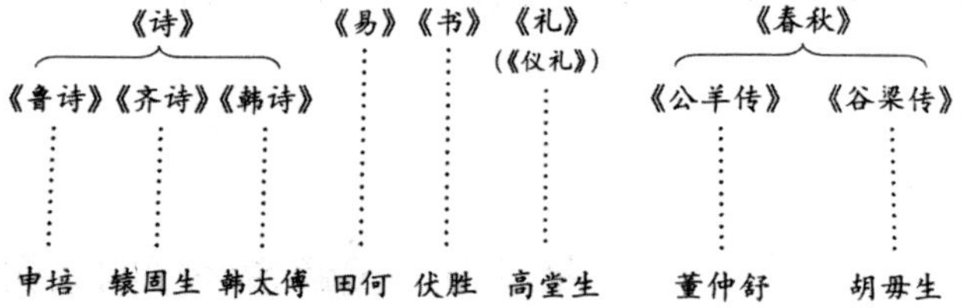

第四节　古文学派兴起

在上所述，皆属今文学派，所谓一经专门之学，墨守师授所传，口授大义微言。但从此以后，渐有创立一家学说之人，以其学说别立大学科目。至前汉末叶，在篡夺前汉的王莽帷幕内，有刘歆大学者，他对于前述的今文学派外更以古文学派的经书，加入大学为科目。至古文学派所尊奉的经书如下：

《诗》……………………毛公

《书》……………………古文尚书

《易》……………………费氏

《礼》……………………周礼

《春秋》…………………左氏

这等经书，以武帝设五经博士以后，始发现于世间，其中古文《尚书》取自孔子故宅的壁中；《周礼》出自前汉末的秘府；《春秋左氏传》得自鲁的共王。当时大学博士，以为从来大学的学问，仅限于今文学经书，刘歆突然把古文学加入大学，颇不适宜，乃群起而反对之；然卒以王莽、刘歆的威力，硬把古文学加入大学了。迨后汉光武帝，中兴汉室，又废除大学的古文学，这是今古文两学派的重大轧轹。其后古文学派，产出贾逵、马融等学者，与今文学派截然相分，大有据叠对峙的情态。

自前汉武帝至后汉末叶，为经学极盛的时代，其间屡出尊奉经学的帝王、宰相和儒者，受官禄而就学的大学生，非常繁盛，总数竟达三万以上。且后汉之时，当施政方针发生疑难，每以《春秋》的义而下断案，上自宰相，下至判吏，皆须精通经书一种。因此后汉的学风，乃一转变前汉的质朴，带来极细而赘见的倾向。同时集大成的郑玄出幕了。

第五节　郑玄的今古文学统一

在后汉末叶，郑玄诞生于世，承古文学家贾逵、马融的学，又兼学今文学，卒为今古文学调和统一的大家，史称经学以来第一人。他将《周易》《尚书》《毛诗》《仪礼》《礼记》《周礼》《论语》《孝经》等，各加注解；如是两汉专门的学衰亡，仅这调和统一今古文学的郑玄学问，独行于世，这可算是经学史上的一大变化。且彼时适际蜀、魏、吴的三国战争，求学的人，次第减少，恰与郑学的勃兴成反比例，而学术衰微不振了。

嗣后有魏的王肃者，出为郑玄的学敌。王肃原和郑玄同出自古文学派，然竟猛起反驳郑玄，除伪造前汉孔安国所注释的《尚书传》《论语》《孝经》外，又伪作《孔子家语》《孔丛子》等书，本自己的主张，致学说的证据。王氏为晋武帝的外祖，故其学问盛行于晋代；而郑玄的学问，则一蹶而衰了。晋后因五胡十六国的战乱，甚少学者产生，书籍极端散失，汉初置诸大学的今文学，完全扫地而衰亡了。在这时代，稍堪注意的人，则为注释《易经》的王弼，注释《论语》的何晏，及作《左氏传注解》的杜预等。

第六节　南学与北学

自晋后至南北朝并立时，经学又产生南学、北学的派别，可以划为经学的一转期。至这南北朝的南学与北学，区别如下：

南学		北学	
《易》……	王弼	《易》……	郑玄
《书》……	孔安国	《书》……	郑玄
《春秋》（《左传》）	杜预	《礼》（《礼记》）……	郑玄
		《诗》……	毛公
		《春秋》（《左传》）	服虔

南学用王弼杂入老庄思想的《易经》，王肃伪造孔安国传的《书经》等，与两汉时所流行的学问，极端差异。当时流行老庄的学问，有加重词章的倾向，所写经书注解的文章，甚为巧妙。至北学方面，无甚特创的点，总以郑玄的学风通行，推尊汉学为正派。后来北魏道武帝、太武帝，皆以帝王而好经学，因此经学又比较的流行于世了。迨至统一南北朝的隋，政治系由北朝出而统

一，而经学却是南朝并合北朝的相反现象。

第七节　唐太宗的经学统一

由隋至唐，唐太宗目睹经学种种的异说，甚非良好现象，乃命孔颖达诸位名儒，拣选五经的注解，这便是有名的《五经正义》。自这《正义》出世后，直至宋代数百年间，均呈经学统一的现象，为自汉以来所未有的盛况，可算是经学的又一转机。《五经正义》中，《易经》为王弼，《书经》为孔安国，《诗经》为郑玄，“三礼”中的《周礼》《仪礼》《礼记》也为郑玄，《春秋三传》中的《公羊传》为何休，《谷梁传》为范宁，《左传》为根据杜预《春秋左氏传注疏》而编纂的。惟这《正义》中的《周礼》《仪礼》与《公羊传》《谷梁传》等，在出世后的未久，便无人去研究，殆有废绝之势。

第八节　宋代经学注释的交迭

经学传到宋代，又向衰颓的机运，凡奉经学的人，墨守古来解释。但至北宋仁宗时，骤呈风气一变的征候，由学界思辨批评的结果，经学不以古来解释法为满足，发生新解释法的需求，如是经学大起变化；在王安石《三经新义》（《周礼》《诗》《书》）出幕之间，更为其大变迁时代。盖当时王安石将所著新义，取为文官试验的课题，一般读书求进的人，乃群向这路进行，遂促成经学的大变迁。

北宋为经学新陈代谢的时代，经学注释的交迭，甚发达，王弼的《易传》与程伊川的《易传》交迭，《书经》的《伪孔传》（王肃），与蔡沈的《书传》交迭，《诗经》的《毛传》和《郑（玄）传》，与朱子的《集传》交迭。至《春秋三传》中的《公羊》《谷梁》二传，此时业经绝迹，只一《左氏传》流行于世。又有胡安国者，承孟子“尊王攘夷”的传统，新著《胡氏传》。他若“三礼”的《周礼》《仪礼》《礼记》，专向义理上发议论，有强引宋代仪式近于夏殷周三代仪式习惯的形迹。不过世间通行的礼，系朱子的《仪礼经传通解》。总之，宋人不信汉唐经学的注解，群事经书本文的解释，如遇经书的意义不解时，遂自行移动或修改字句。这种现象，固可说是经学的进步；然谓为经学的大厄，也无不可。

当王安石著《三经新义》，为文官试题之间，经学起大变化，发现种种新说。同时受试验的官吏，力求发现经书新解释，以谋试验及第；如是立新炫异，产生浮薄轻躁的倾向。王安石的《新义》，虽至南宋废止，而其试验方法，依然使用，直到元后，尚多依其办法，故经学日益衰颓了。不过在南宋时代，有宋学大成的朱熹出幕，与郑玄大成学同一立场。惟宋学系融合佛道教的一种哲学风味，与经学多少异趣。

灭亡南宋而统一全国的元朝，在元仁宗时，定科兴法，其《易经》用《朱子本义》，《书经》用《蔡沈（朱子门）集传》，《诗经》用《朱子集传》，《春秋》用胡安国《胡氏传》，可算是朱子学全盛的时代。在此有一富饶趣味的现象，就是隋由北方起而平定南方，而经学系由南方学问并合北方学问；这元朝也由北方起而平定南方，经学也由南方朱子学统一北方学界，由此考察，实可谓得一结论：北方胜于兵力，南方胜于学问。

第九节　明成祖《五经大全》的敕修

驱逐元朝而统一全国的明，在成祖永乐年间，踏袭唐太宗纂辑《五经正义》而谋经学统一的政策，乃敕修《五经大全》。惟这《五经大全》，因不得学者的好评，至今殆无取读的人。至在明代盛行的，有王守仁的阳明学，祖述宋朝陆象山学风；只因其讨论事情，多超出经学的范围，姑不具论。

第十节 清朝经学的复兴及其四变

清朝由北方满洲起而统一全国，为制驭汉民族起见，必须使尊重其所尊重的经学，故康熙帝、乾隆帝，皆一再敕选经书的注解。这种经学的勃兴，一方面固因朝廷的促进为动力；然尚有其他大原因的存在，即由宋后衰颓的经学，又转到复活的时期了。在明末清初，辈出王夫之（船山）、顾炎武（亭林）、黄宗羲（梨洲）等学者，开并取汉学与宋学的学风。经过不久时间，阎若璩（百诗）也出现了。迨至乾隆以后，惠栋（定宇）、戴震（东原），出而弃宋学，以汉学为标榜，是为汉学的复兴。而通览清朝的经学，共起四次变化：清初以宋学的根柢，产生汉学的端芽，所谓汉宋兼采的学。乾隆之后，以许慎郑玄的古文学为主，汉学风行，研究说文的人日多，而研究宋学的人，则渐次减少了。迨到嘉庆道光年间，追溯后汉的古文学，而复兴前汉的今文学，尊重《公羊》《谷梁》的《春秋》，《鲁诗》《齐诗》《韩诗》的《诗经》，伏胜的《书经》，在魏晋时代所亡佚的前汉今文学，至此又再流行于人世了。传至清末，康有为一派，采用今文学《公羊》的意义，参入西洋学说，以图改革国政，不幸卒归失败。至张之洞（香涛）殁后，虽有陈宝琛、梁鼎芬、刘廷琛诸遗老，而经书全呈不振的状态。后来清帝退位，民国成立，纯粹吸收西洋的新思想，经学遂无人过问了。

主要参考书

今关寿麿著《支那人文讲话》

今关天彭等著《东洋画论集成》

渡边秀方、近藤润次郎合著《支那文学思想史》

高桑驹吉著《支那文化史》

中山久四郎著《支那人文思想》

稻叶著《支那社会史》